1870

Notes et Impressions Personnelles

BLOIS
Imprimerie C. MIGAULT et Cie
14, rue Pierre-de-Blois, 14

NOTES ET IMPRESSIONS

D'un Volontaire de 1870

Notes et Impressions

D'UN

Volontaire de 1870

par

Marcel LESCOT

Ex-Sergent au Corps Cathelineau

Ex-Capitaine d'Infanterie Territoriale

BLOIS
Typographie et Lithographie C. Migault et Ce
14, rue Pierre-de-Blois, 14
—
1901

PRÉFACE

Pourquoi parler encore de 70, pourquoi tous ces souvenirs personnels ? Il y a bien assez de livres stratégiques, savants, de monographies, de résumés sur cette triste époque — j'en ai des rayons remplis ! — L'accent est le même, il sera le mien, une espérance finie dans la douleur ! et après tant d'autres, après l'éloquence vraie des Margueritte, moi, poussière d'homme, je recommence l'hymne douloureux de la patrie ; pourquoi ? Mais parce que j'ai souffert, parce que je souffre, parce que je n'ose causer de « la campagne », parce que la plainte soulage, parce que ce monologue est un air de souffrance, parce que j'en voudrais « parler toujours ! »

Les Margueritte en parlent, ils ont raison ; ils disent que tout est oublié, ils ont raison. Mes notes sont pour moi d'abord, ma famille après, et ensuite les quatre ou cinq amis qui voudront bien ce souvenir...

Mon cœur n'a jamais quitté ma patrie, il avait quitté Dieu ! La douleur relève, elle m'y ramène; puisse ma belle France retrouver les hautes pensées qui seules font vivre et aident à mourir !

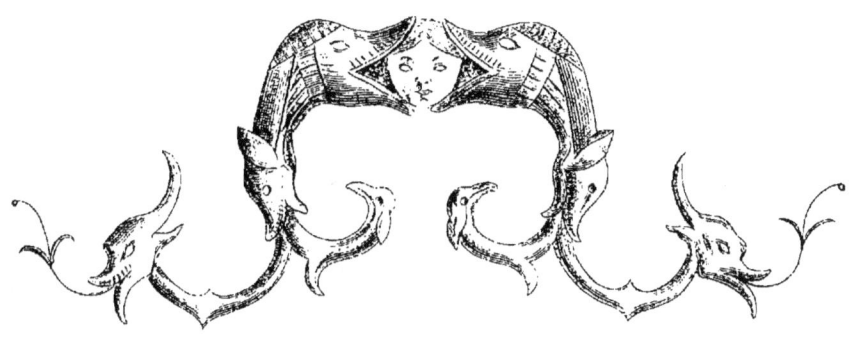

CHAPITRE PREMIER

Avant mon Engagement

En novembre 1869, le goût des voyages et le désir d'apprendre l'allemand me conduisaient à Vienne pour la deuxième fois. Je descendais régulièrement de l'hôtel W., sis Petersplatz, pour prendre mon « capucine » sur le Graben, non loin du gâteau monté en nuages qui constitue le centre de cette place.

Je ne vais pas faire le récit de ce séjour qui dura 6 ou 7 mois. J'aimais beaucoup Vienne ; quelques relations et l'affabilité générale me rendaient la vie facile.

La ligne traditionnelle me ramenait à Paris par Strasbourg au mois de juin. Je cherchais à

Le dessin qui sert de tête de chapitre à cet ouvrage est une fidèle reproduction d'un pendentif romain en bronze, trouvé sur la propriété, du côté d'Averdon.

y placer mes bribes d'allemand, sans succès, car le parler alsacien n'est pas allemand, et je reviendrai peut-être sur cette question. A cette époque je ne songeais pas que je passerais encore par Strasbourg, en feignant d'ignorer l'allemand... Je m'amusais, comme tous les voyageurs, à regarder les sentinelles, l'une badoise, et l'autre française, aux extrémités du pont du Rhin.

A Paris on parlait beaucoup de petite vérole et surtout en un logement d'aventure, sis rue de Rennes. Mon cousin, C. Lethière, me vaccina et pendant tout le mois de juin je fus sous le coup de cette pastorisation (avant Pasteur). De là, je revins au Logis, au vert, dans le calme de la campagne.

Je me le figurais, mais chaque matin arrivait la poste, avec elle les journaux. Les questions de se presser à table. — Aurons-nous la guerre ? — Si oui, sommes-nous prêts ? Depuis Sadowa, nous ne parlions que de guerre à la Prusse, mais c'était bien autre chose de la sentir là, *tout près*. Nos repas étaient agités : ma grand'mère, ma mère se montraient fort patriotes, et, comme tous à cette époque, passaient du désir à la crainte.

La vie soi-disant publique retentit dans la vie privée. Enfin, un jour de juillet, le facteur nous apporte l'habituel *Figaro*. Nous l'ouvrons — la guerre est déclarée ! — Nous lisons, relisons et

— ne disons plus rien. — Quant à moi, il me semblait sentir un poids réel, et puis, en vrai Français, je me pris à espérer avec passion. Je courais à Blois, achetant feuille sur feuille, pour lire les mêmes choses. Nous attendions, nous voulions une bataille, je rêvais à la grande nouvelle, et moi, un liseur et un reliseur d'histoire, je voulais une revanche de Waterloo ! Après Sarrebrück, 4 août, et la balle ramassée par le petit prince, nouveau silence et lourd écrasement de nos âmes. Un jour, le *Figaro* donne un dessin, c'est une hutte de douanier, deux cavaliers caracolent auprès : feu sur eux ! Ce sont les premiers coups en terre française, dans notre Alsace bien gauloise, malgré les invasions germaniques avant César et celles qui suivent jusqu'au ve siècle.

Louis XIV n'a pas volé cette terre, comme ils disent en leurs géographies tendancieuses, où la Bourgogne même est germaine, mais il l'a *reconquise ;* il a rompu le traité de Verdun suivant la bataille de Fontanet, en 843. Nos écoliers devraient savoir répondre au pédantisme de l'ennemi : Non, Argentoratum (Strasbourg) n'est pas germaine, elle a été fondée pour arrêter vos envahissements. J'ai été délégué cantonal, j'ai vu des cahiers nombreux, j'ai constaté combien nos historiens et, à leur suite, nos professeurs g'issent, nous glissons toujours ! Le grand sénéchal de la Noblesse Esthonienne (ordre teutonique) me l'a bien fait sentir plus tard, en 72, quand je voulais raisonner cette question et qu'il me reprochait de remonter trop haut dans l'histoire, alors qu'il datait lui-même ses revendications allemandes de Louis XIV !

Après ce petit épisode, nous retombons dans les silences menaçants. Ici, au Logis, rien ne transpire, et nous recevons les nouvelles en coup de massue.

Les nuits sont agitées ; je reste un soir très éveillé, quand, tout à coup, la trompette me dresse sur le séant ; j'écoute : c'est un bruit de chevaux, ils trottent dans la grande allée. Mon cœur bat... puis rien. — Le lendemain, je raconte mon hallucination — Présage ou crainte ? Pauvres êtres que le bonheur ou le malheur frôle inconscients ! En tout cas, les grands mouvements humains sont électriques et nous révèlent un nous bien ignoré dans la vie ordinaire..

Wissembourg, Freschwiller se succèdent, nous relèvent et nous abattent. Nous apprenons qu'un colonel, mon cousin, est fait prisonnier. Sa femme écrit, qu'embarrassé par ses éperons, il est tombé et a été fait prisonnier sous une décharge ; il est expédié à Konigsberg. C'est la première nouvelle nous touchant dans le deuil général. J'erre dans la campagne, les événements s'agitent dans ma tête. C'est un rêve, j'y crois à peine !

Je rencontre un paysan, près de Saint-Bohaire :

— Hé bien, nous aurons donc les Prussiens, lui dis-je. — Hé bien, que feraient-ils ici ? répond-il. — Lui aussi rêve, mais autrement; voilà bien l'esprit du public qui ramène tout au petit intérêt — Qui n'est le paysan de Saint-Bohaire ?

Très ému, je me rends à Paris, fin août, commencement de septembre; je me promène dans cette ville nerveuse, dont je suis tellement. Sur le boulevard, un rassemblement, je m'y joins : mauvaises nouvelles. — Ah mais non, m'écriai-je. Un cercle autour de moi, et me voilà emballé, y allant de tout mon cœur, mais sans documents : les Français n'ont pas été battus, etc., etc. En cinq minutes, je suis blagué et blackboulé. — Démosthène s'en va par la rue Laffitte ! — Au café, je vois défiler devant moi une belle troupe, toute nouvelle, pantalons de toile, feutres mous, les Francs-tireurs des Vosges ! Leur air martial, les acclamations m'emballent et j'espère...

Je vais au camp de Saint-Maur où sont réunis les moblots de la Seine, je ne pense plus à la guerre, c'est le joujou soldat qui m'amuse. La vareuse, le pantalon bleu à bandes rouges m'hypnotisent; ça y est : voilà une belle troupe, j'en serai ! Ma mère savait que je voulais m'engager, sans savoir où.

Je file au bureau du recrutement — 1re à droite, 2e à gauche. — Que voulez-vous ? — M'engager. — Où ça ? — Dans les Mobiles de la Seine. — Votre classe ? — 65. — Est-elle appelée ? — Non. — Alors attendez. — Mais je veux partir avec mes camarades ! — Engagez-vous donc ailleurs. — Non, je préfère ce corps. Paris sera investi. — Hé bien ! vous resterez chez vous. — Je sors en rageant. Je passe par la rue Saint-Lazare et je vois sur une charrette un homme debout, coiffé du bonnet à poil des grenadiers de la garde. C'est le dernier que j'ai vu. Ah ! elles étaient déjà loin les revues du camp de Satory !

Je reviens au Logis, raconte mon insuccès à mes parents. Alors je m'engagerai dans les Mobiles du Loir-et-Cher puisqu'on ne veut pas de moi à Paris. Le cœur me revient. J'obtiens l'autorisation d'aller à la caserne le matin ; pendant 15 ou 20 jours, je fais l'exercice au 45ᵉ de ligne. Je pivote avec plusieurs futurs officiers du 75ᵉ Mobiles de Loir-et-Cher. Je voyais souvent passer dans la cour le commandant Arago, un élégant officier tué plus tard à Orléans, alors que blessé, il s'appuyait à une porte qui ne s'est pas ouverte. C'est bien Orléans !

Je me fais faire le pantalon bleu à bandes rouges des moblots, l'escrime à la baïonnette m'enivre, enfin l'action chasse le rêve et je suis heureux. Je me figure devoir servir à quelque chose : De retour vers 3 heures au Logis, j'improvise un tir pour les gens du pays ; pendant ces exercices je me couche en avant pour indiquer les balles, mais un beau jour, il en passe une, basse, au ras de ma tête, à travers le torchis de la cabane et j'arrête les tirs des Saint-Bohairiens.

Après une quinzaine, me voici de nouveau à l'intendance, mais à Blois. — Nouvelles questions. — Mais vous êtes de Paris? — Quelle classe ? — Comme ça n'a pas changé, je réponds avec véracité : Non tombé au sort, classe 65, non appelée. — Hé bien, dit l'employé, nous ne pouvons vous accepter. — Mais ma classe n'est pas encore appelée, j'anticipe, je me suis exercé 20 jours ! — En vain, je montre des recommandations de M. de Clausel, le futur commandant, de M. de Montlaur, futur colonel, rien n'y fait. L'intendant refuse le visa régularisé par la mairie, le général confirme le refus, et je pars en enrageant — deuxième édition.

Bien entendu, je ne critique pas les justes lois de mon pays, elles me font trop peur ! Bien que je ne parle pas de Metz, ni de Sedan, il est facile de se figurer le joli désordre qui régnait partout fin septembre ! J'oubliais de dire que c'est place de la Préfecture, au coin nord du Pavillon des Halles, que j'ai vu la dernière proclamation impériale, celle-ci émanait de l'Impératrice régente, elle recommandait le calme aux Français. Je dois dire que dans notre coin le passage de l'Empire à la République a été aussi inaperçu que possible, la passivité du Centre et nos défaites couvraient tout.

Me voici donc retraité encore une fois à 25 ans, sans avoir été nulle part. Que faire ? La menace d'invasion troublait notre trio, grand'mère, mère et fils. On se résout à partir pour Nice, non sans des mesures de précaution préventives. Il fallait emporter des valeurs au porteur ; cela semblait bien dangereux. Sur mon conseil, nous les enveloppons de papier, de toile caoutchoutée, je vais chercher en grand mystère une pioche du jardin ; mes deux mères font le guet et je creuse non loin du tir, en place découverte, car je redoutais l'abattage d'un arbre ou l'arrosage suivi de sondages. Nous enterrons « le chien » et rentrons.

La nuit, avec un domestique, nous entassons dans un couloir de cave, des bouteilles de vins fins, et puis, après avoir mis du foin, nous maçonnons. Le salpêtre recouvrira la place. Ce qui arriva. Les Prussiens ont pourtant cherché, et l'un deux a même demandé à notre femme de chambre du Malaga « comme celui de Paris ». Il faut dire qu'avant la guerre, j'avais introduit chez mes parents, à Paris, rue Saint-Pétersbourg, une jolie collection de têtes carrées. Pot....., un peintre qui étudiait avec ardeur une charmante pendule Louis XVI, dans la chambre de ma grand'mère: la voulait-il emporter comme ses frères teutons ? Kühl..., le fils d'un grand carrossier de Berlin ; celui-là, malgré une imperceptible claudication, ne me mâchait pas, qu'officier de réserve, il entrerait à Paris avec son régiment. Et moi ? Parbleu, comme mes camarades de l'époque, je ne savais même pas ce qu'était la réserve prussienne, et j'étais resté deux ans à Vienne ! Je parlais bien guerre depuis Sadowa ; j'avais vu assez d'officiers Autrichiens blessés, en traitement à Baden, près Vienne ! — Mais je croyais notre armée suffisante (ô Stoffel !) ; je hurlais contre le projet de Niel, contre les prétoriens ! C'est beau l'humanitarisme ! L'avons-nous assez célébré au quartier Latin ! Oui, mais le 15 août, la Révolution était parfaite, la pirouette au complet ; on ne parlait plus que de volontaires à la 92. Il était bien temps ! Avis à nos maîtres futurs en socialisme ; je ne souhaite pas à ces pseudo-héritiers la bonne petite leçon de 70...

D'autres objets furent cachés, de compte à demi du reste, avec des gens du pays, et soit intérêt, soit autrement, rien ne fut trouvé. Le valet de chambre, qui avait caché avec moi les vins fins pendant la nuit, gagna de l'argent en vendant de l'ordinaire aux Prussiens, mais ne révéla rien. Avant de quitter le Logis, j'avais écrit en allemand sur un papier, que je partais m'engager, que la « deutsche Kultur » m'influençait peu, que leurs diatribes contre Babylone, *vulgo* Paris, étaient de la tartuferie, qu'ils y venaient faire la fête, et que je leur disais tout cela en allemand, parce qu'ils nous prétendaient incapables de « mâcher leur paille ».

Mon petit papier laissé à la glace a été lu, comme le prouvera l'épilogue.

Nous partons en septembre, c'était bien pénible de quitter le beau Logis.

La traversée de Paris me fait voir une masse d'hommes qui manœuvrent ; je vais à la Porte-Maillot où je reste émerveillé du mouvement, de l'entrain au travail des fortifications ; on voyait encore des gardes nationaux habillés d'après le règlement, c'est-à-dire tunique, shako, etc. Toutefois, la vareuse l'emportait de beaucoup.

Ce voyage en ligne crochue nous a fait traverser la Lozère, l'Auvergne, que sais-je ? Enfin, après moult méandres, nous sommes débarqués à Nice, d'abord à l'hôtel, puis promenade des Anglais. La nouveauté, le beau pays, me faisaient oublier le pourquoi de notre fuite. Le réveil est vite arrivé : Capitulation de Strasbourg et le reste. — J'étais loin du douanier et des deux uhlans !

Les gendarmes emmenaient des réfractaires fort bien mis, intellectuels *ante litteram !* Les émotions journalières, la colère avaient fini par me causer une révolution du sang. J'étais malade comme un chien. Je voulais partir, mais où ? J'apprends que des francs-tireurs de Nice sont en formation, je passe devant une remise, rue de France, où un petit détachement est campé. Informations prises, ça n'était pas le corps qu'il me fallait.

Ma mère, une bonne Française, m'avait toujours répété, quand j'étais petit, qu'un bon Français devait mourir pour sa Patrie. Elle m'a montré, en la circonstance, qu'elle était restée semblable à elle-même. Un matin, elle m'appelle et me montre la feuille locale « *Phare du Littoral* ». Voilà ton affaire, me dit-elle. — Et je lis qu'un corps est en formation à Amboise par Cathelineau : suivent quelques noms et la description de la tenue. Oui, c'était mon affaire : là-bas, je retrouverais des camarades, je ne serais plus un isolé, les mères sauraient ce qu'il adviendrait de leur fils ! J'embrasse maman, mon parti est pris — et mes coliques passent ! — En homme pratique, je ne pense à me munir ni de passeport, ni d'aucun papier, fatale erreur !

CHAPITRE II

En route pour m'engager

Je vois encore les mouchoirs de mes Mères s'agiter et disparaître; me voici seul, en route vers l'inconnu. Arrivé à Toulon, le train s'arrête pendant de longues heures; j'en profite pour aller au port visiter un navire de guerre. La chose est facile : un pêcheur m'offre sa barque, me dit que les permissions de visiter s'accordent à bord des stationnaires. En effet, je suis de suite autorisé à me promener sur un de ces beaux bâtiments que je n'ai pas encore vus et qui restent notre espoir. Je demande, en parfait ignorant, si les canons se chargent par la culasse ? On chantait partout avant juillet :

« Nous avons des fusils se chargeant par la culasse,
« Mais le malheur, ça s'encrasse ! »

Il m'était permis de croire aux mêmes vertus et aux mêmes défauts pour les canons. A cette question, mon cornac dresse l'oreille, me demande le pourquoi de ma question. — Ma réponse, celle de Mr Tout-le-monde, ne le satisfait pas, et à ma descente, je suis poliment invité à me rendre, accompagné, chez le Préfet maritime. Me voici suspecté d'espionnage, moi qui voyais partout des mouchards ! Juste retour des choses d'ici-bas ! J'objecte à mon Préfet que je suis bon citoyen, vais m'engager, et, ses questions finissant par m'agacer, je l'envoie promener, lui disant que je suis avocat, et que, s'il ne tire pas vite au clair ma situation, il aura de mes nouvelles. Nous conjuguons le verbe se fâcher. Enfin il consent à me laisser à l'hôtel sur parole ; je voyais toutefois un drôle de bonhomme arpenter devant les fenêtres ! Après télégrammes de références satisfaisantes reçus de Nice, mon voyage se continue jusqu'à Marseille.

La ville est en pleine fermentation : partout de beaux gardes nationaux ; aux carrefours, des estrades enguirlandées, décorées de drapeaux tricolores, des tables derrière lesquelles attendent des officiers municipaux, et de temps en temps, des roulements de tambour, à l'effet d'inviter la belle jeunesse aux enrôlements, le tout, à l'instar de 1792. Quelque chose n'y ressemble pas : tout le monde regarde, se promène avec un air de fête, mais les ardents Marseillais boudent l'estrade... Ils attendent un autre sauveur qu'eux-mêmes, c'est Garibaldi qui doit venir !

Mon estrade est à Amboise, je reprends donc le train. Saint-Étienne, 3 heures d'arrêt. Que peut faire un voyageur en pareil cas ? Se promener, je n'y manque point. Me voici, la sacoche au côté, par les rues sales de cette active et laide ville ; il y a une parade de foire et de la foule : jamais badaud parisien ne manque une telle occasion. J'augmente la foule d'une unité — mais si modeste que soit la mienne, elle fait néanmoins déborder le vase comme une feuille de rose ! Du bruit, de la houle, en un tour de main, c'est moi qui suis entouré, regardé et traité d'espion !

La colère est inutile ; les visages sont méchants, les poings robustes, la conviction parfaite, et c'est de la foule ! Soudain, une idée me vient : j'avise une femme ardente à me conspuer et la prends à partie. — « Voyez, dis-je à mes ennemis du premier rang, est-elle laide, regardez-la donc, elle a voulu m'embrasser ! » Alors, en faubourien, je lui reproche d'être grêlée ! Elle écume, on se tord, mais au premier rang seulement que poussent les autres ; la plaisanterie est grave et ne peut durer. J'aperçois au loin un képi de garde national ; je crie, j'appelle : venez m'arrêter ! L'homme arrive ; alors je l'interpelle : « Citoyen, je dis qu'il y a erreur, je vous somme de me mener au poste ». Il comprend, m'entraîne vers un café dont on ferme vivement les portes ; le maître du café et le garde me disent : « En route, vivement, par une porte de derrière ; la population d'ici est rude, il faut gagner la préfecture et ne plus vous montrer pour votre sûreté !... » Des émeutiers, deux mois plus tard, massacraient le préfet.

A la préfecture, les employés m'interrogent, rient, et envoient chercher un bock pour me rafraîchir de cette chaude alarme.

Je reprends ensuite le voyage sans autres péripéties jusqu'à Blois, où j'arrive le soir. Dans la rue du Commerce, je fais la rencontre d'un garde national un peu gai, qui veut me mettre la main au collet, comme espion ! Ça faisait la troisième fois ! Je me sens moins gai que le garde national, le saisis au collet, le tutoie avec fureur, lui déclare que je suis un parfait citoyen, mais qu'il est un pochard souillant l'uniforme, et je l'emmène au poste où, m'étant fait connaître, on octroie à mon homme la paille humide et à moi la liberté. Il faut avouer que ça n'est pas facile de mourir pour la patrie !

CHAPITRE III

Corps Cathelineau

Première armée de la Loire

Amboise, 15 Octobre. — J'arrive à Amboise le 15 octobre. Cette fois, je suis accepté; une carte de franc-tireur m'est délivrée; je m'habillerai à mes frais : pantalon et vareuse noirs à liserés bleus, ceinture de flanelle bleue, chapeau mou avec cocarde et plume. La Guerre nous fournit sabre, baïonnette et chassepot; certains arborent l'image du Cœur de Jésus.

J'ai soigné mon équipement afin d'éviter les étoffes légères et les semelles en carton de notre bon père l'État. Les coutures de mon vêtement étaient doubles; dans les rondelles de cuir passait le fil poissé qui cousait les boutons; pas un ne m'a quitté. Du cuir sur les épaules, sous l'étoffe, pour amortir l'effet des courroies et empêcher l'humidité ; bottes, genouillères, goussets que je bâtissais pour garder quelques pièces extraites ensuite en cachette pour ne pas induire en tentation.

Un mouchoir ou deux pour tout linge, une ceinture de flanelle ; fil, aiguilles, pipe, telles étaient mes mesures d'intendance personnelles : cela suffisait ; je recommande ces précautions et pas plus de bagages à mes successeurs s'ils voyagent à pied dans les mêmes conditions. Un des hommes de mon escouade s'était porté héritier de mes bottes — au cas — qui ne s'est pas produit.

En fait de camarades, je n'ai trouvé personne de connaissance les premiers jours. Une jolie botte de paille me fut offerte comme matelas, et, pour la première fois, je fis connaissance avec ce simple coucher ; il me semblera bientôt d'un luxe asiatique ; mon voisin était habitué sans doute, car il ronflait assez fort pour ne pas s'apercevoir que sa couverture était devenue un étalage de chaussures variées. Chaque propriétaire dut reconnaître les siennes au réveil.

Le lendemain, nous prenons langue, nous nous étudions ; nos origines sont bien variées : sous-préfets, juges, officiers de marine marchande, propriétaires, enfants trouvés, menuisiers, banquiers, etc. Nos âges sont aussi disparates : M. de Baillivy, 62 ans ; le Comte de Loiray, 52 ou 54 ans, avec ses fils de 16 ou 17 ans ; les opinions étaient à l'avenant, royalistes ou républicaines ; mais tous, braves gens que nous étions, en avions une seule, l'idée du sacrifice pour l'honneur et la France. Je ne veux pas faire l'historique du corps, il a été fait par le général Cathelineau (1), je me borne à mes impressions personnelles.

J'étais jeune, je n'avais jamais servi ; la nouveauté de la situation me faisait oublier sa cause. Pendant quelques jours, je jouai au soldat, très amusé du décor théâtral d'Amboise, d'être regardé sur la place publique..... La soupe et le bœuf matin et soir n'avaient pas plus inlassable fidèle. — Et l'arrivée des nouveaux ! Un jour nous arriva un Vendéen avec large gilet, deux pistolets à la ceinture, un large feutre. Ah ! qu'il était beau !..... Mais notre tenue devait être trop simple, ce chouan nous a quittés. Une autre fois, c'était une femme, mais Cathelineau l'a refusée. Ce chef méprisait notre suffrage universel.

Quand nos exercices ont commencé, les liens se formèrent, on racontait des histoires à la cantine ; Herpin en avait de terribles : il nous disait qu'étant de garde en Crimée, il rampait, le couteau aux dents, vers les sentinelles, et d'un bond, crac ! Mais, malgré moi je pensais à « Vois-tu le couteau, il est teint, etc. »

Je parlerai plus tard de ce fier guerrier... le

(1) En 2 volumes, chez Amyot, éditeur. Paris, 1871.

joli, c'est que moi aussi j'ai rampé, mais sans égorger personne.

Notre château-caserne était trop beau pour ne pas m'avoir laissé un vif souvenir ; nos exercices sur la terrasse, avec la Loire au bas, me rendaient bien distrait. La belle aurore boréale incendiait l'horizon au loin ; la Loire reflétait ces lueurs où le peuple voyait le présage et l'accomplissement de nos malheurs ; les soirées d'octobre étaient superbes, mais les matinées déjà fraîches. Tous les matins jusqu'à notre départ, vers le 25, nous allions à la Loire nous inonder d'eau, tels les fiers Gaulois qui cassaient la glace ! (Les ablutions nous ont manqué ensuite, mais pas la vermine). Nous ne pensions plus du tout, ou si peu aux Prussiens !

Après quelques jours, je fus proposé pour le grade de sous-lieutenant, à quoi j'objectai mon ignorance absolue du métier militaire. En fait, je ne savais même pas qu'il y eût des petits livres bleus sur l'école du soldat, à plus forte raison de compagnie ; quant au service en campagne et aux règlements, je m'en serais plutôt référé à mon chien — Je devinais le tir, savais bien manier mon arme ; et l'escrime, ainsi que mes exercices au 45e, pouvaient me rendre dangereux à la baïonnette. Je jugeais à leur trop juste non-valeur militaire mes chefs d'occasion pour vouloir en augmenter le nombre ! Sans être le danseur de Beaumarchais, je briguai le caporalat et l'obtins. Affecté à la 3e compagnie, j'avais pour capitaine un excellent homme. Point ne l'ai revu de toute la campagne. Je retrouvai un Loir-et-Chérien, le lieutenant C...; mon lieutenant était un ancien sergent-major, garçon de café, disait-on, en tout cas très ficelé et très ficelle, sachant son métier, brave sans éclat, en somme bon officier. Les sergents étaient Germeau, sous-préfet et O'Murphy, l'homme de cœur, le chrétien vrai, le patriote calme, sans fracas, au cœur chaud, qui me fit l'honneur de m'accepter pour ami. J'ai eu le grand chagrin de le perdre un mois après son mariage en Loir-et-Cher, et après plus de 15 ans de relations fidèles. Mon caporal-fourrier était P..., séminariste.

Ma compagnie était de 48 hommes, divisés en 8 escouades. Des faits plus forts que notre simili-organisation militaire ont donné le commandement effectif à R... et aux sergents, dont je fis partie deux mois après, à la reprise d'Orléans. Ça marchait tout de même ! Chacun prenait dans les fonctions ce qui lui allait, et grâce aux aptitudes variées d'un lieutenant et de trois sergents, notre cinquantaine d'hommes était alimentée et dirigée; je dois reconnaître que la bourse des sergents a souvent suppléé à l'ordinaire, s'il manquait. C'était juste.

Le dévouement patriotique était appuyé chez beaucoup, par le sentiment religieux, et Cathelineau ne manquait pas de nous faire assister en armes à la messe. Il était peut-être trop démonstratif sous ce rapport, quand nous formions le cercle pour prier sur une place publique; pourquoi n'aurions-nous pas eu ce droit, puisque nous donnions notre vie !

Vers le 19 octobre nous étions 300 volontaires environ. Il y eut toujours des engagements au cours de la campagne.

Nous promenions notre uniforme autour d'Amboise, je soignais mon chassepot que je désirais beaucoup tirer. Ce plaisir nous fut refusé : nous n'avons jamais usé une cartouche d'exercice jusqu'à notre entrée effective en campagne : et depuis, combien peu !

Départ d'Amboise, 19 Octobre. — De notre terrasse, nous avons un imposant et émouvant spectacle : nous voyons défiler sur le pont de la Loire l'armée récemment formée, qui marche sur Orléans. Tout passe devant nous : les Mobiles, un peu d'active, des canons, (nous en avons donc encore !) Et puis c'est notre tour. — Cette fois, en route ! L'émotion nous prend, c'est pour de bon.

Nous arrivons en chemin de fer à Blois et ceci m'étonne de me voir débarquer acteur dans cette gare où j'allais deux mois auparavant regarder nos troupiers qui s'embarquaient — en criant et bêlant. — C'était bien triste.

Juste à notre arrivée en gare, je rencontre

Monsieur ....., jeune homme de mon âge. Je l'avais connu à Blois, puis retrouvé à Poitiers comme étudiant ; il avait une élégante tenue civile ; méchamment, je lui dis en montrant la mienne : « Où vous engagez-vous ? » Il rougit et me dit qu'il va en Algérie... J'ai souri en lui tournant le dos. En ai-je vu avant, pendant et après la guerre, des *francs-fileurs !* Et ce sont ces gens qui osent parler de l'inutilité de la défense après Sedan, quels orfèvres ! Aujourd'hui, les mêmes causent de la barbarie de la guerre, en attendant le Préfet prussien — ou anglais — qui les fera tirer au sort !

A partir de ce jour, commenceront des marches de jour et de nuit ; nous avons plus marché que combattu, aussi ne ferai-je aucune stratégie en ces pages ; je ne noterai que quelques marches plus saillantes que les autres ; encore une fois, l'historique des deux armées de la Loire par Aurelles de Paladines, par Chanzy, et celui, plus spécial, de Cathelineau, me dispensent de grandes explications militaires. Cathelineau était absolument ce qu'il fallait à un corps hétéroclite comme le nôtre : vigilant, rusé, se renseignant partout, sans confiance en nous, et en témoignant une grande, il savait nous engager et nous retirer à temps. C'est à proprement parler, le seul créateur et meneur de notre troupe, 600 hommes environ, sans compter les troupes auxiliaires mises sous son commandement.

Cathelineau sut en imposer aux Prussiens, à Gambetta et à ses troupes... Imposer en guerre, c'est tromper l'ennemi ; il réussissait à merveille. Il avait du reste avec lui une troupe excellente, le 3ᵉ bataillon des Mobiles de la ~~Garonne~~ *Dordogne*, commandant Marty, avec lequel nous avons toujours vécu en parfaite intelligence.

Premières étapes. — Le voisinage de notre maison m'attirant, j'allai en permission au Logis le 19. Après avoir passé la nuit et donné des instructions aux gens de la maison, je fis atteler et rejoignit ma compagnie sur la route de Saint-Dyé. De nabab, devenu caporal, je tombais au bon moment, en pleine alerte ; le début était plutôt frais. L'aumônier nous formait en cercle pour la prière et nous bénissait ; la perspective de mourir, même en chrétien, me bourdonnait en tête. Le conscrit désirait voir l'ennemi, mais pas si tôt ! Je n'étais pas le seul : — Alors, les Prussiens sont là ? — Mais oui. — Non, c'était une alerte ! Alors les langues se délient et nous respirons.

La pluie tombe, la nuit arrive, pas d'abri. Je file avec deux hommes pour acheter des bourrées ; le bon paysan refuse ; je menace de les prendre et rudoie mon patriote. Grâce à ce bois qui fume et agités par un coup de feu, nous passons ainsi, vaille que vaille, la première nuit.

Le bruit court que la sentinelle a tué une vache ! En relisant Cathelineau, je vois que c'est un cheval blanc.

Le matin nous trouve traversés et déjà pénétrés de cette odeur de fumée qui ne nous quittera plus. Bien entendu, nous inaugurons la toilette à la crasse, il faut que le métier nous entre.

Les hommes de l'escouade mettent dans la marmite ma portion avec la leur ; mon embarras au début était aussi grand pour allumer le feu que pour faire la popote.

Nous sommes l'avant-garde de l'armée de la Loire (sur la rive gauche), destinée à l'éclairer et la couvrir. Nous nous mettons en route ; il me souvient d'un bois que nous traversons ; fort heureusement que nous avions avec nous un brave homme surnommé le père la Crimée, qui à lui seul nous faisait marcher ; hélas ! ce qui manque aux conscrits, aux volontaires de la meilleure volonté, c'est la discipline plus encore que le savoir. Chacun se méfie de son voisin ; quant à moi, caporal, j'étais fort heureux de l'expérience de ce vieux soldat !

Sortis de cette verte caverne, amorce des forêts de Sologne à Chambord, nous gagnons Lailly, route d'Orléans. Cette fois, nous y sommes, en guerre ! Les Prussiens ont incendié ! Un vieux forgeron a été brûlé parce qu'il refusait je ne sais quoi ! Nous sommes furieux et on se battrait bien. Cathelineau nous inspecte souvent, il fait son petit Frédéric-le-Grand, canne sous le bras et tabatière à la main ; pas d'armes. Quoique sceptique, cette simplicité voulue agit et me donne confiance. C'est bien nécessaire. Je discutais facilement les ordres, je me méfiais des autres et de moi-même ; il a fallu trois mois pour me dominer et devenir un soldat !

Camp de Vesaines. Vers le 28 Octobre.
— Non loin de Saint-Laurent-des-Eaux, rive gauche de la Loire, sur la route d'Orléans, se trouve la propriété du duc de Lorges ; des bois isolés de pins, de chênes avec des avancées de vignes se rejoignant aux forêts de Chambord.

Notre campement fut établi dans le bois de Vesaines, vers le 29 ou le 30, pour une dizaine de jours. Le temps était beau heureusement ; notre matériel consistait en armes, bidons, quelques gamelles d'escouade. Pas de tentes, pas de pioches ou autres accessoires ; les plus entendus montraient aux autres l'art du gourbi. Dans mon escouade, un brave volontaire, Valeng, menuisier, nous apprit à dresser les bois d'une hutte ; les fougères formèrent la couchette où on dormait ferme.

Les reconnaissances partaient le matin vers 6 heures, rentraient rarement avant 5 et se prolongeaient parfois jusqu'à 7 heures du soir. Notre petit nombre rendait très dur ce service, auquel s'ajoutaient les gardes et les patrouilles ; Cathelineau, avec grand sens, déployait une admirable mobilité.

Nos volontaires devaient, comme les gradés, s'habituer à ces différents services. Un soir, je vais reconnaître une sentinelle qui croise réglementairement son arme, avec le cri : « Avance à l'ordre ». Mais, méfiant, je lui dis : « Est-il chargé ? » et je me mets de côté. — « Non ». En même temps le coup part. « Eh bien ! lui dis-je, malheureux, vous pouviez me tuer ! ». La pâleur et le regret de ce pauvre homme m'ont empêché de le punir. J'ai été moins doux dans une circonstance analogue. Manqué deux fois d'être ainsi tué me semblait trop ; si je n'eusse été chasseur et élevé dans le maniement des armes, ma carrière militaire s'arrêtait là.....

Nous causions avec les sergents de notre situation, des divers bruits et cancans, critiquant les chefs et surtout un commandant, nous étions révoltés contre les paysans. Parmi nous, il n'était bruit que d'un certain moulin à vent dont les ailes annonçaient aux reconnaissances prussiennes notre présence ou notre absence. Il est sûr qu'après l'arrestation du misérable meunier, nous avons intercepté de gros troupeaux de moutons menés par les paysans aux Prussiens, et entravé complètement les cavaliers ennemis.

Un jour, je manœuvrais avec ma compagnie, quand une rumeur circule parmi nous ; on s'élance, et nous voyons arriver deux ou trois

Prussiens, des hussards bleus, que ramenaient en triomphe des camarades ; l'un des prisonniers, le bras en écharpe, était fort pâle en entrant dans cette fourmilière de Peaux-Rouges. Il pouvait l'être, il avait demandé grâce lors de sa culbute ! C'était un des incendiaires de Lailly ; cet ennemi, jardinier de son état à Berlin, fut admirablement traité ; il ne voulait plus quitter l'ambulance de Cathelineau !

Reconnaissances. — Si, personnellement, je ne voyais pas l'ennemi, ça n'était pas faute de courir, de nous croiser avec ses reconnaissances ! Celle du 31 octobre à Dry, à trois kilomètres du camp, fut brillante : nous marchions avec les Dordogne ; tout le long de la route, nous croyions apercevoir les Allemands, si bien qu'à un moment la panique saisit un de nos hommes ! Le malheureux, sans quitter son fusil, roule en pelote en hurlant d'un fossé à l'autre. C'était hideux et bien triste. Je ne pus supporter le rire des camarades, tant j'étais ému par ce spectacle. Tout à coup, les compagnies déployées en ligne de bataille, ainsi que les Dordogne, marchent en demi-cercle vers un groupe d'une vingtaine de cavaliers prussiens. Ce mouvement, nos cris, font fuir des lièvres ; l'ennemi en fait autant ; les coups de feu s'adressaient aussi bien au gibier qu'aux cavaliers. Il paraît que quelques-uns furent blessés ; les espions que nous avions à Orléans, nous dirent qu'ils étaient furieux. Au mess prussien, où servait un de nos volontaires déguisé, les officiers nous appelaient les hirondelles de la mort et nous promettaient la pendaison.

Les marches avaient détérioré ma tenue ; mes chaussettes étaient trouées, dès lors, je les quittai et ne les repris qu'en mars. Le reste était à l'avenant ; je commençais à avoir froid. Cet état était celui de tous ; un de nos jeunes volontaires, enfant des hospices de Poitiers, disait avec orgueil : « Moi, je change de chemise tous les quinze jours ! » Inutile de répondre.

J'écris au Logis, le cocher était de mon âge, mais marié, donc pas appelé. Je le vois encore, bien mis et net, m'apportant la peau de bique protectrice, un caleçon propre, et disant avec respect : « Monsieur est bien sale ! »

5 Novembre. Patrouille rampante de nuit. — Le 5 novembre au matin, nous partons en reconnaissance et ne rentrons, *comme la veille*, qu'à 9 heures. A peine le temps de manger ; je pose mes sentinelles et regagne le gourbi. Entre 11 heures et minuit, je suis réveillé au milieu de rêves anacréontiques. — Caporal, il faut aller en patrouille ! — Je sors aussitôt ; nous dormions habillés, bottés.....

Je me joins à deux volontaires et nous sortons du camp. La lune était haute, claire. La lune en promenade, après ou avant dîner, c'est doux, c'est poétique. Mais, ô Pierrot, la lune pour un bon jeune homme fourbu par deux jours de marche, c'est peu séduisant ! Je suis d'une jolie taille moyenne, plutôt petite, disent mes détracteurs, hé bien, Schlémyl eût été heureux, mon ombre était énorme ; mes collègues trouvaient sans doute la même chose, car nous rasions, le plus possible, les murs du village à reconnaître. Les rues à traverser l'étaient vivement, le fusil haut... J'avais un peu noctambulé à Paris, mais je me souviendrai longtemps de cette petite excursion soldato-rurale. En somme, rien en vue, ni ami, ni ennemi. Deux heures après, je retrouvais ma fougère.

6 Novembre. — A 6 heures du matin, abruti, engourdi, je fais l'appel et nous repartons à travers les éternelles sapinières solognotes ; nous poussons jusqu'à Beaugency, le pont est coupé ; sur l'autre rive quelques Prussiens alarmés par nous. Soudain, derrière moi, un coup de feu, une raie dans la falaise près de mon pied, c'est la balle d'un imbécile apeuré. D'un bond, je suis retourné et le couche en joue. On arrête ce mouvement, je suis admonesté, le calme revient.

Le commandant de Puységur, le Sanglier, comme nous l'appelions, réussit un joli coup de fusil ; il décroche à travers la Loire un Prussien qui voulait monter en selle. Rien de plus curieux que de voir une douzaine de cavaliers courir sur la hauteur, route d'Orléans ; couchés sur la selle, ils allaient bon train, nos vainqueurs !

A 4 heures du soir nous regagnons le campement, et on me nomme de garde pour le soir ! Du coup, à moitié fourbu, sans rien envisager, je me réfugie dans une grange, m'y terre, et jusqu'au lendemain soir, je dors ! — Il paraît que l'officier chargé de ma recherche m'a entendu ronfler, puis vu et laissé là par pitié. — On était fort paternel : j'ai reçu une semonce méritée ; dans un corps régulier, c'était le conseil de guerre pour avoir quitté un service commandé... Il est vrai que gardes, patrouilles et reconnaissances n'eussent pas été assez enchevêtrées pour tomber sur le même homme pendant trois jours, y compris une nuit !

Départ du camp Vesaines, 9 Novembre. — Frais et dispos, je me proposais de prendre ma part d'un beau pâté que ces gourmands blésois avaient fait venir. Le père Orléac, de 40 ans passés, choriste, ou quelque chose à l'Opéra, s'en délectait. Nous étions toujours sûrs de l'entendre invoquer l'aurore de sa belle voix de basse, et il était précieux pour créer des plats avec rien..... Cathelineau passe, nous l'invitons, il remercie, nous encourage à continuer. Dix minutes après, ralliement à la corne. — Aux armes ! ordre de partir.....

Marche Coulmiers-Orléans. — Coups de canon sur la rive droite ! Et nous sommes à Cléry, rive gauche ; nous marchons, on finit par distinguer le canon ennemi du nôtre, il est plus sec..... il recule. Nous n'avons pas de pont où passer pour aller au feu ; le diable au corps nous prend et quelques-uns chantent la *Marseillaise!* Hélas ! c'est de la politique ; à cette époque, non déçu encore par le brigandage et la tyrannie sectaire, je croyais en l'avenir républicain et chantais aussi...

Nous arrivons en vue d'Orléans le soir. — « Des hommes de bonne volonté pour entrer en ville ! » — Voilà ! — Baïonnettes au canon, fusils chargés, nous traversons le pont en longeant les parapets — Personne — Et nous en sommes pour l'émotion. Je reviens et fais mon rapport.

Nous apprenons le lendemain le nom de Coulmiers — On se loge où on peut ! J'avise une maison au bout du pont, rive gauche, et frappe. Pas de réponse — Alors à coups de crosse, je menace ; tête à la fenêtre. — « Que voulez-vous ? — Coucher, je suis Français. — Avez-vous un billet de logement ? — Et les Prussiens, en ont-ils ? ouvrez ! » — J'entre et couche sur la paille empuantée de nos civilisateurs. Nous connaissions bien leur odeur !

A Orléans, 10 Novembre. — Le lendemain, entrée officielle. Je suis envoyé en patrouille : on me signale une écurie où nichent beaucoup de Bavarois ; j'y vais avec l'escouade ; comme hier soir, j'use de la crosse, mais la porte s'ouvre beaucoup plus vite et nous mettons en joue. Un grand gaillard se dresse pacifiquement au port d'armes et la main au béret ; les autres restent couchés ; partout des sabres, des revolvers. Je suis très fier de placer mon allemand de fraîche date et ne pense plus du tout à l'ennemi. Je demande à l'homme d'où il est, son Corps… il se réclame d'une ambulance ; je pose des sentinelles et vais à la distribution des billets de logement ; puis j'assiste à l'entrée des vrais vainqueurs, mobiles, chasseurs, etc., ce que nous avions comme armée. Pauvres gens ! ils défilent au milieu du plus parfait silence, par la bonne raison que les Orléanais sont peu nombreux pour saluer les vainqueurs. Ce sont de drôles de patriotes : ils semblent affligés de la victoire, portent sur les prisonniers allemands toute leur sollicitude, à tel point que la sentinelle française peut à peine écarter les gens qui prodiguent à l'ennemi cigares, pain, argent….. ça, je l'ai bien vu !... A nous les prix majorés, les discours anxieux sur ce que feront les Allemands à leur retour ! A nous les refus de logement ! C'est bien la justification de ce que nous chantions : « Dans l'infâme Orléans, sont entrés les uhlans. » Quant à moi, le hasard m'adresse, ainsi que les deux autres sergents, chez un brave monsieur qui se trouvait parent d'un ami, chose que je lui tais. Il me fourre de mauvaise grâce dans sa cuisine jusqu'au moment où je me fais reconnaître...

J'ai dit que j'étais sergent ; en effet, j'avais oublié de noter que je l'étais depuis Vesaines, et j'en avais été très heureux, car je pouvais ainsi faire popote avec les camarades, et, en colonne, marcher sur les bas côtés de la route, la nuit exceptée. Pendant les deux jours passés à Orléans, il y eut grand'messe avec *Te Deum ;* je vois encore devant la Cathédrale les amas de cuirasses, sabres et autres armes provenant du champ de bataille. Un lieutenant avisé en fit faire une caisse ; il a ainsi aujourd'hui une belle panoplie ; un petit volontaire s'amusait à porter une énorme cuirasse. L'anecdote qu'on me racontait valait mieux que le port de ces dépouilles opimes : un autre volontaire aurait fait prisonniers et amené deux cuirassiers énormes.

Il m'était impossible en cette vie errante de jour et de nuit de recevoir ou envoyer des lettres ; c'était une de mes dures privations. D'autre part, j'avais l'intime besoin de m'épancher, vu la contrainte perpétuelle que j'imposais au corps pour tout supporter, et à mon âme nerveuse pour ne pas défaillir ; encore une fois, quand les troupes sont improvisées, peu disciplinées, les individus ont beaucoup plus de peine à se maintenir dans le sacrifice et le devoir.

Nous savions qu'après Coulmiers, Cathelineau avait voulu nous entraîner jusqu'à Fontainebleau afin de poursuivre les avantages, et de soulager mon pauvre Paris ; mais il ne put obtenir ni renforts, ni cavalerie. Aussi nous rongions le frein, sentant le prix du temps perdu, et de la victoire annihilée. — C'était limpide pour le dernier homme.

12 Novembre, départ d'Orléans. — Le 12, nous quittions « l'infâme » Orléans. Chose bizarre, la mobile d'Orléans à Paris s'est admirablement comportée à Champigny, Buzenval particulièrement. Elle a rappelé, par sa valeur, l'admirable épisode de l'invasion : les Bleus de 1815 composés de la Sarthe, du Loiret et du Loir-et-Cher, le Centre enfin, ont été cernés par les alliés ; les vieux officiers et sous-officiers qui les commandaient les ont formés en carré et c'est le canon seul qui eut raison des fusils et de leurs mauvais briquets. Mourir ainsi est admirable et bien enviable.

Bougy-la-Mairie. — Je puis signaler cette marche à travers bois, boues et fondrières, dans la direction de Bougy ; fort heureusement, nous avions les pieds nus et suifés dans nos chaussures ; pas d'ampoules ! c'était merveilleux. Je résistais alors que de gros Normands ne pouvaient plus se tenir debout..... Le but de tous ces efforts fut pour nous une ferme appelée la Mairie, non loin de Bougy. Nous filions en bordée dans cet Eldorado de dix à quinze maisons ! Les volontaires piétinaient le fumier dans cet horrible quadrilatère. Un pauvre homme dans un coin cherchait à faire cuire un bout de viande non loin d'un sympathique cochon, et n'y arrivait pas ! Il m'appelle. Alors, de mon air le plus capable, je démontre à Dreux-Brézé qu'il faut battre sa viande avec le sabre pour l'attendrir et je m'improvise chef..... Nous en avons bien ri depuis à une exposition place Vendôme.

Je ne veux pas être léger ; toutefois, nous nous trouvions bien trop lis sur ce fumier. « L'Abyssinien », éclaireur à cheval, M. D., nous plaisantait et prétendait être partout heureux. Ce revenant de la campagne de Théodoros était un brave à tous égards.

Du C..., que j'avais connu à Poitiers étudiant, était aussi brave à d'autres points de vue. Il était en reconnaissance avec un autre éclaireur, quand il tombe sur un escadron prussien ; il s'avance, tire son chapeau, salue. Un officier prussien sort des rangs, lui rend sa politesse et pousse son cheval. Alors poursuite échevelée à travers champs, une course d'obstacles. Mon gaillard tire quelques coups de carabine et revient enchanté. Son frère a servi dans l'Est sous Garibaldi.

Nos éclaireurs à cheval étaient remarquables d'entrain, de bravoure, et nous gardaient sérieusement ; jamais nous n'avons été surpris. La pauvre armée du Rhin en peut-elle dire autant ?... En somme, notre séjour à la Mairie était agrémenté de pointes en diverses directions. Cathelineau éclairait admirablement l'armée d'Aurelle de Paladines et en particulier Martin des Pallières, général de notre corps d'armée.

Un officier prussien, monté sur un cheval blanc, nous suivait parfois et de peu loin, la lorgnette en main ; un paysan, passagèrement avec nous, l'avait tiré au fusil de chasse et manqué ; j'avais en vain demandé la permission de le tirer aussi ; voici comment j'ai revu mon homme. Ma compagnie fut envoyée de grand matin sur Neuville et arrêtée derrière une haie bordant un fossé, le 16 novembre 70. Il faisait froid ; nous avons attendu sept heures sans bouger. Le cœur bat enfin, je vois notre gibier : deux cavaliers avec lances se détachent d'un escadron, ils avancent, reculent, se décident. Je tiens à l'œil mon fameux cheval blanc. Mais pan ! deux ou trois coups de feu, dégringolade de quelques cavaliers, disparition du reste. Le coup est raté ! Nous manquons nous battre avec des francs-tireurs venus là sans ordre et qui emportent en triomphe deux gaules pointues.

Depuis quelque temps des francs-tireurs affluaient de tous côtés ; il y en avait de bons, de mauvais, mais le tout avait encore moins de cohésion que nous. J'ai oublié de dire que

300 excellents chasseurs à cheval du 10ᵉ, braves soldats, bons compagnons, avaient été adjoints au bataillon des Dordogne et faisaient colonne avec nous Ces braves gens s'étaient énergiquement défendus à pied dans Chilleurs-aux-Bois, après s'y être barricadés.

En forêt d'Orléans et à Ingrannes, 18 Novembre. — Nous quittons la Mairie sans regret pour gagner la forêt d'Orléans. Dans les environs se trouvait une ferme où Cathelineau voulait se loger. Refus du fermier. Mais nous intervenons, et, avec la permission du chef, nous invitons ce misérable à partager la litière de son pourceau ! Des volontaires comme nous, abandonnant tout, avaient le droit d'être furibonds de ce manque de patriotisme. Les hommes qui restaient chez eux ne valaient pas cher ; en revanche, les femmes nous faisaient la soupe, se privaient de tout, nous appelaient leurs enfants ; je n'ai vu une exception qu'à Vibraye. Je dois dire que, par exception aussi, dans les environs de la forêt d'Orléans, les hommes se sont souvent montrés des hommes.

La forêt d'Orléans remplaçait avantageusement les boues fétides de la Mairie ; en tout cas, c'était fort pittoresque ; mon groupe était à Ingrannes, et Orléac était chef de cuisine. Nous avions chacun une spécialité : de Chabrol trouvait les fromages, la poule me revenait ; Orléac, tout en chantant ses airs d'opéra, nous faisait des repas princiers ; les vieux harengs saurs oubliés dans les fonds d'épicier se transformaient en filets, hors-d'œuvre parfait ; les tablettes à un sou de chocolat Menier blanchies par l'âge devenaient des crèmes exquises ; et les pommes pourries ramassées ici et là ? elles devenaient des charlottes... et, finissant par où j'aurais dû commencer, j'insinuais dans la marmite à soupe tout ce que je pouvais, avec le bœuf, le salé de distribution ! Les camarades avaient démêlé ma passion pour la soupe ! O'Murphy, « le digne Monsieur », ce bon ami lui-même, me condamnait à passer le dernier ; mais aussi j'en avais davantage... Je parle de ces détails parce que nous mangions arrêtés, en marchant, quand nous pouvions, que les jours, où le temps nous était donné de développer l'ingéniosité, étaient jours de fête et de détente. Cette vie grandit le côté matériel, elle l'ennoblit par le but proposé, le dévouement. Vivant au jour le jour, il faut oublier son moi, nourrir la bête et obéir. A. de Vigny, Art Roë ont supérieurement exprimé cette vie que j'ai vécue quelque temps ; mais avec un sens si profond, si élevé, et dans une langue si belle que j'y trouve un bain d'âme.

C'est dans la forêt que j'ai vu des groupes extraordinaires de francs-tireurs, des gris, des noirs, et des ours de la résistance ! Ces braves gens, de Nantes, je crois, avaient des peaux de bique aux jambes, sur le corps et en bonnet !! Il y avait aussi les volontaires parisiens d'Aronsohn, ceux qui nous avaient gênés à Neuville. Un certain jour, tout le monde était à un carrefour, quand des clameurs s'élèvent et j'entends ce cri : « Une femme ! » On se précipite, et que vois-je ? Une femme charmante qui descend d'un locatis ! En moins de rien elle est entourée ; des loups n'auraient pas été plus vifs ; elle est saisie de peur et fouette cocher ! C'était la première fois que j'en entrevoyais une depuis deux mois, j'entends une femme habillée et fleurant bon ; l'Abyssinien n'en demandait pas tant.....

Chambon, Nancray, 20 Novembre. — Ma compagnie marchait, mais n'avait pas encore eu à donner ; les francs-tireurs de Rochefort, au contraire, s'étaient âprement défendus à Nancray, où des fractions de notre Corps s'étaient trouvées engagées. Le dimanche, 20 novembre, au moment de la messe, nous sommes envoyés à Chambon pour les soutenir ; il me souvient de notre inquiétude quand Cathelineau nous fit déployer en bataille sur deux rangs, et marcher en plaine à découvert sur un village où se voyaient des cavaliers et de l'artillerie ; j'étais à droite et entendais les hommes murmurer : « Nous ne sommes pas de la ligne, mais des francs-tireurs, nous allons être hachés ». Je devais, hélas ! parler ainsi plus tard. Je faisais le brave, les encourageais et avais l'œil sur le chef qui, lui, nous soutenait par son air impassible. Cathelineau allait en tête, la canne et le mouchoir à carreaux sous le bras ; il prisait parfois, se tournait vers nous, disant : « Allons, mes enfants ! » A un moment, le silence, devenu très poignant dans la ligne, est rompu ! Les Prussiens disparaissent, le canons étaient de simples prolonges ou charrettes ! Les vantardiers, ceux que je venais de voir ainsi *frousser*, me blessaient tellement que j'ai brutalement imposé silence : la fatigue me rendait encore moins patient.

J'avais passé la nuit dans une grange au toit percé ; j'avais beau m'envelopper la tête, le froid me réveillait ; les gelées devenaient fortes : marcher, mal dormir, c'est le métier, quelques-uns y restent. Rousseleau, fils du banquier de Nantes, a contracté la petite vérole et est mort en janvier ; j'avais partagé son foin, j'aurais partagé son sort sans la vaccination *ante bellum*.

La journée n'était pas finie. Les éclaireurs et diverses fractions du Corps, ainsi que nos chasseurs et autres auxiliaires, étaient depuis le matin en contact avec l'ennemi, fort remuant depuis la capitulation de Metz. La 2ᵉ et la 3ᵉ compagnie marchaient vers Chambon, placé sur une petite hauteur en avant de la forêt. A 100 mètres, bruit particulier de sifflements dans les hauteurs de l'air et zonzonnement léger aux oreilles quand ça vous frôle. Les détonations expliquent cette musique ; en moins de rien, sans commandement, tout le monde en partie est rasé dans les fossés latéraux ; j'ai le plaisir de ne pas y être, et avec O'Murphy, nous déterrons les camarades ! Nous nous replions beaucoup plus proprement que ne l'indiquait le mouvement précité et nous nous allongeons en tirailleurs en contre-bas de Chambon, sous des peupliers. Les balles prussiennes passent dans le sommet des arbres — heureux effet des armes à longue portée non encore bien connues. Koch, le lieutenant, debout derrière un peuplier, observe, se tient bien et nous maintient.

Valeng se relevait pour arriver à voir quelque chose et tirer comme nos camarades de la 2e, moins en contre-bas. Koch le fait baisser et le brave homme obéit en grognant, et demandant de foncer à la baïonnette. Un soulard, qui m'avait fait enrager au poste, dont j'étais le sergent, est blessé aux deux cuisses : l'animal nous revient six semaines après. Détonations derrière nous. — Inquiétude. — Serait-ce des obus ? — « Mais non, dit Koch, c'est la réponse des canons bretons ». Et nous, soulagés, de rire. Oh ! la foi qui sauve ! C'étaient des obus prussiens, mais aussi mal dirigés que les balles, heureusement. Enfin, nous tenions à la 3e, mais toujours sans tirer en partie, et dire que je ne pouvais placer une balle, moi tireur ! De plus, recevoir sans rendre doublait mon émotion. La 2e ajustait fort bien ;

il paraît que les Prussiens ont perdu une centaine d'hommes. Talma, le petit-fils du célèbre acteur, sorti des haras à 18 ou 19 ans pour s'engager, aurait réussi deux jolis coups de fusil sur des Prussiens traversant une rue. Ici, je confirme ce que dit Cathelineau : la présence de deux volontaire malades quittant leur lit pour prendre part au feu. L'un avait la fièvre, et le plus fort, c'est que le fiévreux a été radicalement guéri. « Bon remède ! » dit Cathelineau.

La faim nous tenaillait. Les Prussiens filent à la nuit et nous pouvons manger un bout de pain ; cette petite journée avait commencé à 5 heures !! C'est alors que je vis deux canons que nous n'avions pas quelques heures plus tôt quand il les fallait. Deux joujoux traînés à bras ! Et oncques ne les revis.

Mes souvenirs sont en partie brouillés jusqu'à la bataille de Beaune-la-Rolande, mais bien nets sur cette grande journée. Avant d'y arriver, je note que de tous côtés, les gens du pays, individuellement et contrairement aux maires, chefs de garde nationale, s'embarquaient pour « canarder » les Prussiens, mais le tout sans ordre.

Il me revient aussi combien nous fûmes étonnés de la décoration attribuée à L... Ce dernier, grand garçon n'ayant fait ni plus ni moins que les autres, eut le bon goût de paraître aussi surpris que nous de ce hasard, et de ne pas porter sa décoration. Mais la campagne terminée, j'ai pu constater que sa boutonnière était fleurie. Après tout, j'ai vu décorer un Juif, marchand de robes, cela rend philosophe ! mais je ne l'étais pas du tout à cette époque. Notre verdeur avait peut-être raison.

La chance m'avait souri en me faisant entrer aux Cathelineau et non dans les francs-tireurs des Alpes-Maritimes ; ces hommes étaient en dispute perpétuelle avec leur commandant qui les menaçait de son revolver ! Le disparate entre les corps irréguliers se voyait ailleurs. Je me souviens, dans une marche, d'avoir entrevu un grand carabinier à manteau rouge ! D'où sortait cette évocation de Versailles ?.....

28 Novembre, Beaune-la-Rolande, Batilly. — Je reprends à la fameuse date du 28 et n'ai guère qu'à copier mes notes. Nous entendions le canon depuis la veille. Serions-nous plus participants qu'à Coulmiers ? Je le craignais et le désirais.

En marche depuis le matin, sans rien manger ; mais, homme de précaution, je gardais toujours en réserve un biscuit de distribution et une tablette de chocolat entre chemise et chair, en cas de perte de ma musette de cuir ; je portais ainsi l'équivalent du sac réglementaire, habitude de chasseur. Nous marchons pendant deux heures dans des terrains détrempés par la pluie. Objectif : trois moulins. Avant d'y arriver, contre

— 46 —

une haie, apparition d'un Prussien. On s'approche en garde, il est mort....... C'est le premier tué qui m'apparaît nez à nez dans cette campagne. Le choc est sec et nous sommes fort sérieux.

J'achète du pain pour ma section, O'Murphy fait de même.

Nous grimpons à une ferme sur une légère hauteur, face à Beaune : le village de Batilly est à notre droite, en contre-bas... De ce poste je vois au loin, c'est superbe. Les troupes affluent dans Batilly, marchant vers Beaune : canonnade, pétarade partout et pour le moment pas de danger, nous sommes en dehors. De la ferme sur le petit plateau, je *vois* se déployer le 3ᵉ zouaves, de tout jeunes gens, clairons, officiers en tête, je les vois courir, criant : en avant ! Je la vois notre belle furia française. Ils entrent d'un coup dans Beaune où leur répondent des hurlements ; nous trépignons, cognons les crosses à terre, voulons y aller ; nous ne comprenons pas les troupes l'arme au pied, nous n'y comprenons rien. Après 30 ans passés, après avoir lu Chanzy, je puis dire avec lui : Je n'y comprends encore rien ! (1).

---

(1) A cinq ans de là, je suis retourné à Beaune, j'ai vu les premières maisons, près de l'entrée du bourg : il y avait encore du sang aux murs. Les habitants me racontaient que les zouaves entraient dans ces maisons où les Prussiens réunis jusqu'à 30 ou 40 ne pouvaient se défendre, ils

Pendant ce temps, nos pauvres zouaves, non soutenus, sortaient de Beaune, mais combien diminués !

Des points noirs surgissaient sur la droite de Beaune, français ou allemands ? En tout cas des cavaliers. Ils s'écartent à 1.500 mètres environ, une grosse fumée, une détonation, un sifflement et l'éclatement d'un obus en arrière. C'est l'explication. Nous voilà acteurs, mais passifs encore une fois ; nous rions, car les éclats ont mis en fuite des poules qui pécoraient ; les canons continuent leurs politesses, mais dans la terre molle, tous les obus n'éclatent pas.

Un paysan en pleurs surgit devant nous et

étaient crevés à la baïonnette ou assommés à coups de crosse ; d'où les hurlements entendus. Et Frédéric-Charles dans le clocher ? — Je cite ce mot de Cronzat à un officier d'artillerie qui visait le clocher : Vous perdez votre sang-froid, vous tirez comme au polygone, on ne tire pas sur les villes de France ! — Et ne pas avoir soutenu ce bel assaut ! Quelle belle victoire ratée par nos chefs ! L'armée de la Loire a le droit de dire qu'après Sedan elle pouvait sauver le pays ; comment deviner que Coulmiers, que Beaune, finiraient en néant. Les stratèges après coup, les francs-fileurs peut-être ! Moi j'ai le bonheur de me rencontrer avec Chanzy, et si, en la circonstance, je parle et j'affirme, c'est que j'ai vu, et bien vu (Voir *Armée Cathelineau,* 1ᵉʳ vol., page 279). J'ai prié au cimetière et cherché la place de mon puits ; il était comblé, mais non dans mon souvenir. Le fermier m'a mené où il était.....

clame pour sa vache ! Ah ! nous le recevons bien, le citoyen, avec ça que nous en avons plein le dos des paysans, des vaches et des moutons vendus aux Prussiens ! Nous invitons l'animal à prendre un chassepot, mais..... il disparaît !...

Je me trouve seul sans savoir comment, les camarades sont dans la ferme à côté. Il me pousse une gloriole et je ne veux pas partir sans ordre ; l'intuition me souffle ceci : les obus sont tombés derrière, ils vont tomber en avant, où je suis. Au premier sifflement d'obus, je me précipite derrière la margelle du puits devant lequel j'étais et juste à ma place précédente éclate un obus qui couvre la margelle de sa ferraille. Presque aussitôt, je m'entends interpeller, c'est Delaunay, de la compagnie d'élite, qui me hêle et me flanque un abattage de première classe pour n'être pas avec les autres.

Rien à dire, au contraire, je le remercie. Nous voici dans Batilly l'arme au pied, les cacolets reviennent avec leur double chargement ; je me rappelle l'air douloureux d'un pauvre officier accolé à un troupier.

Nous sommes déplacés. Le hasard nous met à côté d'une compagnie de francs-tireurs de Loir-et-Cher, aux vêtements brun-capucin. Un obus traverse le toit de la grange contre laquelle nous sommes, on entend à l'intérieur son gloussement et les saletés qui cognent les murs.

En marche hors Batilly ; une batterie au galop,

conduite par un officier à lunettes, sur les caissons et à cheval, artilleurs mêlés de moblots. Un fossé, vivement de la terre, une haie le comblent et tout passe. — A combien ? crie l'officier à notre aumônier. — A 1.200 mètres, répond carrément celui-ci. Les canons sont pointés, nous nous couchons devant, à leur garde ; premier coup, une des pièces prussiennes qui canardaient Batilly est mise sens dessus dessous — celles-ci se déplacent et ripostent ; les obus français et prussiens se croisent au-dessus de nous. A nos côtés, à cheval, en vedette, un chasseur penché sur son arçon dit tranquillement : « C'est la raquette. »

Le soir. — Il est 6 heures, il fait nuit ; malgré les renforts de Frédéric, on tient comme des chiens, les coups de feu n'arrêtent pas complètement ! Les *Werda,* les Qui-vive français s'entre-croisent. Ça, une défaite, jamais ! Nous sommes au repos, il y a un tas de pierres, j'y tombe épuisé et m'endors aussitôt ; passe une pièce, un camarade m'enlève les jambes, sans lui, je les avais broyées ! Je le remercie à peine, je dormais encore.

Retraite. — Ordre de partir. « Alors nous ne sommes donc pas vainqueurs », disons-nous ! Parbleu, toujours la même ritournelle, nous avons eu Chanzy trop tard ! La fatigue se fait sentir, nous marchons en troupeau, il gèle ; deux fois je m'endors en marchant et me cogne dans le dos d'un camarade ! Nous ne disons rien, c'est le vrai désespoir. Nous voilà revenus en forêt.

29 Novembre. Fin de notre rôle d'éclaireurs à la 1ʳᵉ Armée de la Loire. — Le lendemain, canonnade dans le lointain. Notre service et notre rôle d'éclaireurs sont terminés.

Nous marchons depuis le matin du 29 vers Fresnoy, non loin de Bellegarde ; nous avons fourni huit lieues depuis Ingrannes ; nous couchons dans l'école.

30 Novembre. Marche de jour et de nuit. — De grand matin, le 30, nous repartons, croisons nos troupes à Bellegarde, en route pour Sully et revenons à Ingrannes, à huit lieues. Les paysans ont tout enlevé ; moi, je prends de la paille et m'endors après un souper fort sommaire. Ce sommeil est court, on repart à 11 heures du soir.

31 Novembre. Traversée de la Loire. Sigloy-Vannes. Marche de jour et de nuit. — Marche nocturne à travers bois. A 5 heures du matin, toutes les troupes sont mélangées, et nous qui avions cru encore, d'après des rumeurs, avant cette marche forcenée, que nous irions dans la forêt de Fontainebleau pour donner la main à Paris !

Arrivée à Châteauneuf-sur-Loire. Les deux arches du pont sont coupées, le fleuve charrie d'énormes glaçons sous un ciel rouge au levant et vert bleu au couchant ; malgré ma fatigue, ces glaçons reflétés en rouge, cette couleur profonde me laissent un inoubliable souvenir ; j'ai voulu le fixer par un tableau, mais le peintre Didier a fait un ciel gris. Il me revenait en présence du désordre, à la suite de l'énervement de la fatigue, des idées de Bérézina. L'ennemi était tout près — l'opération de Cathelineau hardie. — Un ou deux à la fois nous traversons le pont ébranlé, et, par un escalier établi le long de la culée où manque la première arche sautée, nous atteignons le niveau de la Loire ; des câbles étendus établissent un va et vient. Embarquement à travers les glaçons qui frôlent notre barque.

Sigloy. — Nous sommes à Sigloy, sur la rive gauche. Arrêt de trois heures, il était temps ! Je demande à acheter quelque chose — « Nous n'avons rien », dit le rural. Je me jette sur un matelas, il est bien dur, je tâte dessous, c'était des pommes de terre ! Le drôle répond à mes reproches : « Il faut bien garder quelque chose pour les Prussiens ! » (1).

Nous repartons à midi ; c'est enrageant de trimer ainsi ayant eu la victoire, et pour qui

---

(1) Mes dates peuvent ne pas cadrer avec celles de Cathelineau, mais les horaires et marches sont exactement conformes aux notes prises.

toutes ces peines? pour des misérables qui nous reprochent la résistance !

Vannes. — Nous voici à Vannes, en Sologne; il paraît que les braves habitants avaient détruit un détachement prussien jusqu'au dernier homme, ceux-là nous aident comme ils peuvent ! A 6 heures du soir, je trouve deux sous de pain et fais dégeler un peu de bœuf resté dans ma gamelle. Je me couche dans une mauvaise grange, ah bien oui, la corne se fait entendre à 9 heures ! Nous repartons, nous suivons des chemins de traverse, les seuls sûrs pour nous ; les pieds brûlent à chaque pas, il semble qu'on les pose sur des aiguilles; le front bat aux tempes, les mains sont gonflées à péter, il faut lever de temps en temps un bras pour faire descendre le sang ; le pauvre fusil que je ne veux pas quitter devient d'un poids énorme ; je le porte arme au bras, sur l'épaule, en bandoulière. Rien n'y fait, il est de plus en plus lourd !

Cette marche dure toute la nuit.

1ᵉʳ Décembre. Marche de jour à Yvoy-le-Marron, 6 kilomètres de la Ferté. — Arrivés à X... (j'oublie le nom) le matin, nous nous jetons dans une grange glacée. De nouveau, départ à 11 heures du matin. A chaque carrefour nous croyions voir des Prussiens, nous roulions comme ivres et pourtant Cathelineau avait mille fois raison de nous traîner ainsi, c'était le seul moyen de nous sortir du guêpier — au prix de quelles peines ! Nous faisions des détours alors que l'ennemi envoyait des troupes en ligne droite parallèle au fleuve !

A Yvoy-le-Marron, une brave femme, bien pauvre, bien charitable et bien française, nous passe son lit ; nous nous couchons à trois ; pendant le sommeil elle entretient le feu, et nous trouvons au réveil une soupe à l'oignon.

2 Décembre. Neung-sur-Beuvron. — Nous partons à 10 heures et faisons sept lieues jusqu'à Neung-sur-Beuvron. Là, bonne école, bonne paille, nous mangeons.

3 Décembre. Bracieux. — Le lendemain, nous faisons de nouveau sept lieues jusqu'à Bracieux (1) ; on nous couche à la maison dite « Le Château » et nous allons à l'auberge, à table ! Je manque d'y avoir une affaire à cause d'une porte qui s'ouvrait sur mon dos et que je voulais fermer. O logique d'un homme sans abri depuis Coulmiers. Craindre un courant d'air au risque d'y gagner un coup d'épée !

---

1 D'après Cathelineau, nous sommes au 8 décembre, il a écrit octobre par erreur page 344 ; dans ce tohu-bohu de nuits qui sont des jours et *vice versa*, il est bien naturel de se tromper.

CHAPITRE IV

Séparation

—•••—

Je profite du voisinage de Blois pour solliciter une permission. Me voici au Logis, à table propre ! je ne pouvais plus croire à cette vie ; mon uniforme en était à peine une preuve tangible. Et mon lit, un vrai lit !... Il restait un coq, je lui emprunte ses plumes et les mets à mon chapeau avec une cocarde neuve. Je serre la main du bon curé Meunier, du régisseur Marchand qui leste ma bourse, et, le cœur un peu gros, je quitte encore une fois le Logis ; je ne devais plus le revoir, pauvre maison.....

Bien entendu, je me fais ramener à Blois en voiture, mais impossible de passer le pont, il est coupé ; on dit les Prussiens débouchant de Chambord sur Blois. Je descends de voiture et me promène dans la rue Denis-Papin pour avoir des renseignements. L'affolement des Blésois présents est honteux ! Les notables protestaient contre la mise en état de défense de la ville. « Pensez donc, une batterie à l'Évêché, c'est pour nous faire bombarder ! Il faut envoyer un parlementaire en Vienne, traiter avec le général prussien ». Ah ! c'était réconfortant pour un volontaire d'entendre tout celà ! et Dieu sait combien de fois ces nobles propos m'ont corné aux oreilles !

Le bruit courait que les Cathelineau avaient mis le feu exprès à leur cantonnement du château. C'est une infamie ! Qu'il se fût produit un accident, la chose était possible, mais exprès, non ! Nous avions bien résisté au désir de brûler Orléans ! Si je m'exprime ainsi, il faut, pour le comprendre, se mettre à la place d'hommes enragés par une défaite injuste, par la vue de lâchetés, par des calomnies et des fatigues outrées..... Irrité, je lâche ces capons, remonte en voiture jusqu'à Onzain afin d'arriver à Amboise, car je supposais que le corps Cathelineau devait suivre la Loire et refaire la route inverse de l'aller. A Onzain, un quincaillier, parent de Marchand, me loge et organise une tasse mobile s'adaptant sur mon bidon ; celà m'évite le quart. Je gagne en voiture Amboise par la levée : pas de nouvelles du corps ; à Tours, la chance me fait retrouver Chauvain, lieutenant, et d'autres isolés comme moi, permissionnaires, n'ayant pu rejoindre Cathelineau toujours en mouvement. Nous formons maintenant un groupe avec un chef, ce qui permet d'aller aux intendances, d'obtenir des billets de logement et d'avoir des renseignements pour rejoindre le Corps. Je renvoie cheval et voiture, bien entendu ; l'occupation du Logis devait m'empêcher de les revoir jamais. Quant au cocher, il paraissait heureux de ne pas accompagner son patron Don Quichotte.

Saumur. — Nous gagnons Saumur, mi à pied mi en carriole, cinq dans une, accotés, les jambes entre-croisées : c'était dur, mais il pleuvait à verse !

Poitiers. — Le soir, nous obtenons notre transport jusqu'à Poitiers, où doit être le Corps et nous effectuons ce voyage à la fraîche, dans le coupé découvert peu élégant, qu'on appelle une plate-forme. Changement de vie En 65, je préparais mon bachot à Poitiers, en 70, j'y étais un homme d'armes dépareillé..... mais pas le temps de philosopher !...

Nevers. — Un télégramme nous envoie à Nevers où devait se rendre Cathelineau pour joindre l'armée de l'Est et Bourbaki ; la ville est pleine de troupes. Il se forme, paraît-il, une nouvelle armée ; en effet, c'était celle de l'Est avec laquelle Cathelineau devait marcher ; cette agitation me rappelle les mouvements avant Coulmiers.

Moulins. — L'heureuse fortune m'évite les neiges, l'horrible retraite en Suisse, car un deuxième télégramme nous fait opérer demi-tour sur Moulins, par étapes et à pied dans la neige. Nous formions une bande de dix à douze malheureux, profondément humiliés d'être des isolés. Quant à moi, je ressentais toute la peine d'être loin de mon vrai poste ; l'orgueil d'être volontaire faisait que je voulais être à ma compagnie, retrouver mes camarades et ce bon O'Murphy, « le digne monsieur » ; j'étais bien sûr qu'il ne m'imputerait pas cette absence à faute ; son intelligente bonté était trop réelle pour cela. Il me l'a montrée du reste dans un cas où j'ai eu la défaillance de quelques heures, suffisante pour humilier l'orgueil du volontaire, et je ne la passerai point sous silence.....

Les étapes étaient dures ; d'autant meilleures les arrivées. Je me souviens de notre ravissement près Moulins, sautant de la neige dans une auberge, une vraie, une ancienne à la Dumas, avec grande cheminée, grand feu clair, rôtissoire et gigot. Les destinataires du susdit ont eu la charité de nous le laisser, lui et la suave pipe du dessert. Doux souvenirs qui prouvent la relativité du bonheur !

Poitiers. — Nous ne savons plus rien du Corps et revenons à Poitiers. Quelle joie ! nous cesserons d'errer, peu soutenus par les intendances malveillantes, toujours, et bien davantage, en notre cas suspect de carottage ! On nous apprend qu'il se forme une armée au Mans. Chanzy la commande sous le nom de deuxième armée de la Loire, Cathelineau y est attaché en qualité de général de brigade.

Je lis sur cette grande place, que j'ai traversée autrefois, une proclamation de Chanzy. Il s'y élève en termes indignés contre la férocité prussienne et la mauvaise foi qui prétend ne pas reconnaître les francs-tireurs comme belligérants, menace bien entendu cette « *deutsche Kultur* » de représailles méritées ; j'ai du reste mentionné plus haut les colères prussiennes contre les Hirondelles de la Mort et leurs menaces de pendaison !

Il faut rappeler que sur la rive gauche de la Loire, Cathelineau ne laissait passer aucune reconnaissance, aucune réquisition, sans les gratifier de coups de fusil ! C'était humiliant pour ces maîtres éclaireurs (élèves de Bracke, un Français) et j'ajoute, pour notre cavalerie de l'armée du Rhin ! Quels que soient les outils de mort, ni l'homme, le premier outil, ni les manières d'en user ne changeront. Les officiers réguliers de notre armée avaient oublié comment Murat, Lasalle comprenaient le rôle de la cavalerie. — Napoléon aidant, les Prussiens en avaient profité.

Le nerf de la guerre, autre outil, m'offre une jolie transition : ces petites promenades ne s'effectuaient pas avec le bel argent du gouvernement, mais bien avec le nôtre, et il manquait fort : « *Deficiente pecunia, deficit alter.* » Comme le bon professeur D... m'avait chauffé pour le baccalauréat, j'espérais en son souvenir. Il me reçut admirablement et m'offrit plus que je ne lui demandais ; 200 francs en or me suffisaient ; d'autant plus que si un accident arrivait, il pouvait se faire que mes parents n'eussent point connaissance de l'emprunt, et je ne voulais pas mettre en perte cet excellent homme. Je rappelle ce détail, car mes souvenirs de cette malheureuse époque sont tellement amers, à cause de l'hostilité, sinon de l'indifférence des non combattants, que le rare souvenir de sympathies les adoucit un peu.

CHAPITRE V

Retour. — Deuxième Armée de la Loire

31 Décembre. Le Mans. — Le Corps est au Mans ! Cette pensée nous réchauffe, nous allons redevenir les membres d'un corps, l'action d'une pensée ; nous ne serons plus des dépareillés. Nous voici au Mans par un froid bien rude et une neige de Sibérie ; je couche dans une église : où n'ai-je pas couché durant ces mois ? Nous avons partagé avec Germeau une de ces cabanes de berger beauceron qui se déplace avec le troupeau ; il y avait tout juste place pour un, il fallait se mettre sur le côté.

Les troupes bigarrées arrivent et partent du Mans, la gare est pleine de gendarmes enrégimentés : ce sont les premiers que je vois depuis le commencement de la campagne.

Montmirail. Du 1ᵉʳ au 6 Janvier 71. — Nous séjournons seulement une demi-journée au Mans. Nos compagnies sont à Montmirail ; j'attelle une fois encore mes excellentes bottes et nous finissons cet interminable cache-cache ; notre brave Cathelineau nous reçoit fraîchement, mais tant pis, je suis trop heureux de le revoir, de serrer la main des amis ; il me semble retrouver ma maison, je me sens un homme, je ne suis plus « l'isolé ».

Où est ma musette de cuir ? et son contenu ? le tout laissé à Bracieux. Immédiatement on me remet 200 francs que je croyais perdus, une petite cuiller d'argent, mais pas la musette. Mes camarades étaient honnêtes et le prouvaient, mais la musette ou mieux sacoche était bien utile ! A force de chercher, j'apprends qu'elle est aux mains d'un cavalier du 10e ; j'apitoie sur le sort d'un « triste à pattes » le chasseur qui m'annonce cette bonne nouvelle et promet le verre de l'amitié ; peu après, la musette au côté, je trinquais avec quelques cavaliers. Ils me disaient : Si vous aviez fait du pétard, vous ne l'auriez jamais revue, mais vous avez été bon enfant ! Ceci m'a servi de leçon et démontré que, suivant le vieux proverbe, l'huile plus que le vinaigre est utile dans les rapports.

Cathelineau nous donne des pipes pour le 1er janvier, et de petites commissions dans les environs : nous voici éclaireurs de la 2e armée de la Loire ; je l'écris à mon cousin le D^r Le Thière à Paris ; plus tard, il m'a remis le billet daté de janvier 71, il lui était parvenu le 29 novembre 72.

Les 300 hommes du 10ᵉ chasseurs et le 3ᵉ bataillon de moblots de la Dordogne sont, ici encore, nos braves et fidèles compagnons : ces pauvres chasseurs étaient bien souvent obligés de mettre pied à terre à cause du verglas, alors que nous apercevions les Prussiens au galop ; en cette circonstance, ils étaient des modèles. Une fois de plus j'étais heureux de ne pas être cavalier, et tout à fait dans mon rôle de fantassin ; sauf les atroces marches de jour et de nuit, je n'étais jamais plus satisfait qu'en route jusqu'à concurrence de sept ou huit lieues ; les cantonnements m'étaient en horreur. Notre chef allait de nouveau assouvir cette passion ambulante.

A Montmirail, je logeais chez un boucher, c'est dire que je ne pâtissais pas, d'autant plus qu'il était bon Français. Ceci me mettait à même d'avoir quelques aperçus sur le pays, côté moral : la résistance à l'ennemi y était molle et ne ressemblait en rien à celle des Beaucerons du côté de Nancray, de la forêt d'Orléans ; à cette époque, je l'avais trouvée molle ! Ce coin de la Sarthe se serait prêté à merveille à la guerre de partisans. Partout des haies, des bocqueteaux. Montmirail lui-même est admirablement placé comme point stratégique et comme site pittoresque. D'une part, au confluent des routes de Vibraye et de Saint-Calais, et de l'autre sur une élévation entourée de forêts à l'est... Le château où était Cathelineau, se trouvait sur la hauteur, il était fort beau. Les Mecklembourgeois ne l'ont pas brûlé, ils l'ont simplement sali ; la suite du Grand Duc avait converti en W.-C. l'office près de la salle à manger, et déposé l'innommable entre les coussins des fauteuils du salon. Ceci me rappelle une aventure de la cave de M. C...., dans les environs de Paris : les bouteilles avaient été bues, puis cassées, et les tessons recouverts de sable fin ratissé. Mon ami, A. de M., racontait ce fait qui confirme la phrase de l'époque : « Les Prussiens se conduisaient bien ! »

Nos reconnaissances portaient sur les routes et vers la forêt de Montmirail. Elles se croisaient avec les Prussiens, et nous connaissions par les paysans cette perpétuelle navette.

« Les Dordogne », envoyés un jour au bout de la forêt vers la verrerie, sont accueillis par le feu des Prussiens embusqués. Avec un sang-froid inouï, le « père » Marty étend sa canne en disant : « A droite et à gauche dans les fossés, mes enfants, il y a du monde... » Les enfants ont montré qu'ils étaient eux aussi du bon monde !

J'en suis aux anecdotes : un paysan nous ramène dans la cuisine du château un Prussien, le nez fendu d'un coup de sabre ; ce Manceau-là n'était pas manchot, il en avait tué un autre trop occupé avec sa femme. L'admirable discipline teutonne était en défaut !

Chanzy, pour rétablir la nôtre, fit lire à l'ordre deux jours de suite qu'un artilleur et un mobile avaient été fusillés pour avoir pris des poules. Pauvres troupiers ! Je pensais à mes réquisitions des bois. Le général avait pourtant raison, il fallait une poigne pour maintenir cette armée disparate.

Depuis le 1er ou 2 janvier on entendait tous les jours le canon ; l'habitude en était prise au point que j'avais coupé des balles pour en faire du plomb et tirais ainsi — sans succès — des perdreaux, dans les chemins creux entourant Montmirail. Il y avait des passées de lapin dans les haies, et, sans m'occuper du bruit des mitrailleuses, je cherchais des collets, si bien que je décrochai une fois deux lapins. Je revenais très fier, quand je me butte dans une reconnaissance commandée par M. de Puységur ; je cache les lapins derrière le dos, mais le « Sanglier » les voit, se met à rire, et me tance d'importance pour m'être ainsi exposé.

Cette fantaisie ne pouvait se reproduire, car l'ennemi nous entourait partout ; il marchait par Vendôme sur Montmirail ; il venait de Bonneval, était à Mondoubleau, à Bazoche. Sauf cette journée cygénitique, notre temps à Montmirail fut une reconnaissance ininterrompue. On arrêtait bien les Prussiens, mais plus encore les paysans et marchands de bétail qui cherchaient à passer nos lignes et à gagner celles de l'ennemi.

Les excellents Français ! Les généraux Rousseau, Chanzy auraient dû les fusiller, puisque nos hommes l'étaient bien quand ils prenaient une poule, souvent refusée contre argent... J'obtenais parfois une bolée de cidre chaud avec du pain, à la mode mancelle ; les durs biscuits amollis dans le café étaient aussi un soutien.

3, 6 et 7 Janvier. — Les jours précédant notre départ de Montmirail ont été affreux ; marche et gardes. Le 6, nous avions croisé tout le temps les Prussiens, et la nuit, un gredin nous empêchait de dormir par le bruit, les cris qu'il faisait ; pas de moyen répressif. Quand nous quittâmes Montmirail, cet homme disparut, et jamais je n'en entendis parler ; toutefois le bruit courut parmi nous qu'il avait été vu costumé en uhlan !

Je restais avec la compagnie à cause des alertes : il ne s'agissait plus de mon logement des 1er et 2 janvier !

7 Janvier. — Le 7, reconnaissance jusqu'à midi. — Au retour, grosse alarme, nous allons être attaqués. Les chasseurs mettent pied à terre, les Dordogne sont placés en réserve. Les Prussiens sont tout près et bien réels. De telles attentes sont énervantes, le cœur bat saccadé.

Je ne me lasse pas de le répéter, et j'ajoute qu'à moins d'occasions très multipliées, ou de natures exceptionnelles, tout le monde, à chaque renouvellement du feu, éprouve la grande émotion. J'en ai parlé depuis à de vrais soldats, à un brave officier, ils m'ont tous dit que c'était une vérité qu'on n'osait point avouer ! et qu'en somme, cette émotion n'empêchait pas du tout d'être brave.

Le soir arrive, impossible de fermer l'œil ; du reste je suis de garde, je punis de faction Courtaud, volontaire de 16 ans, il doit la monter à notre premier poste. Nous reposons assis, tout prêts.

8 Janvier, Dimanche. Vibraye. — A 2 heures du matin, départ. Je forme l'arrière-garde et nous arrivons à Vibraye. Il y a une maison à la bifurcation des routes de Montmirail ; la propriétaire et sa fille nous injurient, ne veulent pas de nous ; je les fais expulser et nous entrons avec les espions, marchands de vaches et suspects emmenés de Montmirail ; deux sentinelles doubles sont posées sur chaque route ; Courtaud en est une ; leur mission est de garder leur distance et de se dissimuler. Les hommes et moi restons le fusil en main et tout équipés ; je confie le poste au caporal et m'étends sur le lit de notre hospitalière (?) hôtesse. Une heure se passe : « Aux armes ! » Je sursaute.

Courtaud, puni, s'était assis en boudant au bord de la route, au lieu de se masquer. Il retirait ses chaussures quand arrivent deux hussards qui le saisissent, l'entraînent entre eux ; il crie grâce, l'autre sentinelle tire, les cavaliers alors brûlent la cervelle au prisonnier.

L'autre sergent et moi redoublons de précautions. Une heure ensuite : « Aux armes ! » Les sentinelles nous annoncent une colonne.

Nous sortons vivement du poste. Nos bons Français prisonniers se couchent et refusent de nous suivre, leur conscience pure leur fait préférer l'ennemi ! — Qu'en faire ? pas d'ordres ! Nous les laissons et gagnons latéralement à la route un coteau bordé de haies entre Vibraye et notre poste. Quelques francs-tireurs phocéens, anciens soldats, s'y trouvent et promettent de nous saler « si nous planchons », réponse du même au même — et nous empêchons nos hommes de filer...

Un lieutenant se tient en arrière ; je me poste contre une murette de 0^m70 environ. — Attente — et pas de nouvelles des compagnies ! Plus tard j'appris qu'elles étaient à la messe. Qui nous commande ? Le lieutenant peut-être ! En réalité, personne. Tout à coup, trois chiens de chasse ; je pense au nôtre, à Bretagne, qui courait si bien devant nous à Beaune, aux premiers coups de feu, et qui nous a lâchés en entendant les balles !

Attention ! Voilà des hommes qui traversent en silence la route et se coulent derrière les arbres, à 100 mètres. L'ennemi ? On tire, puis arrêt du feu, est-ce bien l'ennemi ? — Je perçois le luisant d'une plaque au « pickel haube. » — Mais tirez donc, eux n'ont pas attendu ! Chaque coup partant d'un arbre reçoit ma réponse ; j'ai remarqué le rond de fumée, alors j'ajuste plein centre, à quelques centimètres plus bas et *pas une fois* un autre coup part du même arbre. A côté de moi, une balle écrête une pierre de la murette où se tient un camarade. Ah ! m.... s'écrie-t-il ! en avant ! à la baïonnette ! et le voilà parti sur la route ; nous le rappelons. — Ça, c'était la fuite en avant. — Mes camarades tiennent sec, ils disent avoir abattu un officier prussien qui avait quitté la ligne d'arbres, et qui, au milieu de la chaussée, le sabre en main, cherchait à entraîner ses hommes. Trop occupé dans mon coin, je n'ai pas vu.

Après 20 minutes, n'ayant pas de nouvelles de la compagnie, nous nous retirons d'un commun accord sur Vibraye. Le petit sac de touriste rapporté du Logis lors de ma séparation de Bracieux me gênait par-dessus la peau de bique, il faisait double emploi avec ma fameuse sacoche ; je le dépose chez un paysan qui le rejette aussitôt dehors comme compromettant et m'engage — à déserter !

A ce moment, nous arrivions près du pont qui passe à Vibraye, sur la Braye ; nous étions une arrière-garde, aussi ne voyons-nous personne sur le pont ; les nôtres passent l'eau sur la glace

— petite Bérésina sans conséquence. — Au bout du pont, nous apercevons une compagnie Cathelineau, dans la rue qui monte à la Justice (?). J'étais fort excité ainsi que mes camarades et ennuyé d'avoir quitté un tir si entraînant ; ah ! je ne pensais plus au tic-tac du cœur ! Je propose à quelques-uns de nous mettre à genoux derrière le petit parapet de 40 centimètres, et de tirer par unité pour attirer le feu ; on aurait visé comme je venais de le faire, sur les fumées, en plein centre. Et nous commençons ; après une dizaine de coups, nous recevons une bordée d'injures de l'officier dans la rue, et l'ordre de cesser de suite. J'obéis à regret, car le fer était chaud, la situation entraînante.

NOTA. — Je dois dire qu'il y avait résistance sur d'autres points que sur la route de Vibraye ; il n'y eut pas de pertes sur le point strictement défendu par nous, 32 hommes (contre 800, a-t-on écrit). J'ignore nos pertes, Cathelineau les évalue à une vingtaine. M. Charrier, régisseur des Vibraye, me dit plus tard que nous avions tué 90 Prussiens : ils furent déposés dans des fourgons et entourés de cavaliers, des cuirassiers, je crois. Leur rage était si grande qu'ils fusillèrent un peintre en bâtiment, père de famille. — Il avait un chapeau mou comme le nôtre, le malheureux ! — Cette défense du pont, que je croyais improviser, avait déjà été faite avant notre venue et un homme y avait reçu une balle dans la bouche. Cathelineau signale la bonne tenue de du Chazeau et cela ne m'étonne pas : en voilà un qu'il fallait décorer plutôt que l'avocat d'Angers !

Causons donc un peu décoration ! J'ai dit que le lieutenant était avec nous, je ne sais trop comment il se tenait en arrière, le sabre en main. Un point, c'est tout. En dehors du Corps, il était fonctionnaire, toujours aimable et habile homme ; il ne voulait pas manquer l'occasion de se faire décorer. Il m'invita très galamment à unir ma demande à la sienne qu'il savait devoir être apostillée. Mais, considérant que cette affaire était un simple engagement d'arrière-garde et que je me reprocherais d'être distingué après ma défaillance de Fatines, celle-ci à mon sens neutralisant le mérite fort mince de n'avoir fait que mon devoir, comme tant d'autres, je le remerciai vivement. « Alors je serai seul décoré », me dit-il, soit ! — Et il le fut, car deux ans après je le trouvai à un café de la gare Saint-Lazare : « Vous voyez, me dit-il, je l'ai ; vous la méritiez pourtant aussi ».

Je n'insérerai pas le récit tiré d'un journal d'Angers ; je trouve inutile de joindre à mes impressions toutes personnelles les appréciations même favorables d'un journaliste.

Notre arrière-garde est ralliée et reçoit l'ordre de s'établir à 200 mètres de Vibraye, sur la hauteur boisée le dominant. Nous nous coulons dans des trous d'arbres, et, la faim au ventre, nous restons là une heure ; ça nous calme, d'autant plus que notre petit nombre ne pouvait guère résister à une attaque.

Dollon. — Enfin, un ordre nous arrive de rejoindre ; et, quand je cesse d'être arrière-garde et me retrouve à la compagnie, je suis accueilli par ces mots : « Ah ! nous vous croyions tué ! » Je ne le suis pas, mais éreinté !

Sur ce, nous filons sur la route de Dollon par une jolie neige et un vent glacial... Notons qu'il était 2 ou 3 heures et que ce sport durait depuis la précédente matinée ; comme à Châteauneuf, j'avais dans la gamelle une petite réserve, c'était de l'oie, mais non fumée, simplement gelée ; elle nous avait bien distraits de son vivant ; son entraîneur était « la Crimée », le seul qui sut porter un vrai sac ! Il avait arrimé tout en haut son volatile, dont le cou ondulait drôlement à chaque mouvement de son porteur.

Conneré. — Nous croyons rester à Dollon ; mais pas de logement, encombrement de troupes. Nous gagnons Conneré, à 15 kilomètres ; en route, nous croisons un détachement de marins. Entrée peu triomphale à 9 heures du soir ; nouvelle déception, pas un coin pour nous ! C'est monotone, un journal de route, mais la route encore davantage dans ces circonstances, et de plus, atroce ; il faut repartir et faire encore 14 kilomètres jusqu'à Montfort, où nous arrivons à minuit.

8 Janvier, minuit. Montfort. — Les Cathelineau étaient déjà passés par Montfort et connaissaient la localité, mais pas moi qui avais rejoint directement du Mans à Montmirail. Bien entendu, je cherche désespérément un abri et trouve un grenier. Le second jour, un brave homme veut bien me prêter des sacs ; il en a sept, je les enfile consécutivement, m'étends sur le carreau d'une pièce quelconque et, la tête sur le barreau d'une chaise, je ronfle consciencieusement. Enfin, le troisième jour, je récolte un matelas. Telles furent mes feuilles de rose, sinon de laurier ; les avais-je gagnées ? Qu'on en juge.

9 Janvier. — Ici, je copie textuellement mon carnet : « A 8 heures, excursion sinistre dans la neige, à deux lieues en avant de Montfort ; les chevaux des dragons (du général Rousseau) s'abattent : coups de feu partout ! » Le passage de Cathelineau (2ᵉ vol., page 130) est autrement complet et intéressant ; du reste, il savait et voyait comme chef ce qu'ignorait un petit sergent. Je connaissais tout juste le nom de quelques localités, mais écrivais de mon mieux celui des fortes étapes. Je puis dire que Montfort, où était la propriété du Marquis de Nicolaï, est, comme son nom l'indique, une éminence assez ardue ; à ce moment, avec la neige et les troupes, le coup d'œil devait être pittoresque, mais du diable si j'y pensais !

10 Janvier. — Réveil à minuit ; nous prenons les armes et ne les quittons plus. Ça ne me changeait pas, car je ne quittais jamais mon chassepot dans la crainte d'un troc. J'ai toujours adoré porter une arme à feu, et c'était pendant cette campagne un grand dédommagement à mes fatigues. J'ai beaucoup regretté mon fusil plus tard, lors de ma nomination d'officier territorial. Je l'avais essayé sur des corbeaux, dans une marche, et la trace des balles dans la neige m'en avait démontré la justesse ; j'étais le seul l'ayant expérimenté, mes supérieurs n'ont pas longtemps toléré cette école à feu fantaisiste !

Deux camarades et moi errions dans la rue principale quand nous percevons une rumeur, et des marins affolés surgissent de toutes parts, criant : Sauve qui peut ! les Prussiens sont dans Montfort !

D'un seul mouvement nous mettons baïonnette au canon et les barrons ! Oh, ce fut vite fait ! Les marins s'arrêtent, nous regardent et puis : « C'est bon, disent-ils, gare à vous, mes petits, si nous vous y pinçons ! » Eux partis, G... et moi nous nous mettons à rire et avouons en toute vérité que nous ne savons pas ce qui nous a pris et que nous ferons bien de ne pas « flancher » devant ces gaillards. Oh ! les paniques !... Il semble que les choses en avaient aussi !

Peu après, je n'ai que le temps de me jeter de côté, le timon d'un caisson me rasait la poitrine ; il dégringolait la pente, venant de je ne sais où, à la même destination ! Les pièces de marine, à Montfort, grondent tout le jour ; nous allons au loin en reconnaissance, le ventre creux, piétinant dans la neige et assaillis de cette lancinante réponse des paysans : « Les Prussiens viennent de passer ». C'est comme les chenilles, il y en a partout ! Les mitrailleuses font leur moulin à café... Pénibles journées sans espérance !

11 Janvier. Fatines. — Nous rencontrons des hommes démoralisés qui jettent leur fusil, « parce que, disent-ils, les Prussiens les tirent. » (Textuel).

A Fatines, nous sentons l'ennemi partout ; le pays nous est inconnu, le ciel gris, la neige implacable et les corbeaux ne nous quittent pas. Nous entendons des cris effroyables mêlés de hourras. C'est une attaque à la baïonnette des chasseurs à pied contre les Prussiens, au pont de Gesne. Le soir tombe, il est 4 heures. Les Prussiens nous ont enlevé deux dragons. Notre lieutenant des éclaireurs, M. de V., part au petit bonheur. Coup de feu. En route, les 2e et 3e compagnies, à un détour du chemin, rencontrent un groupe de francs-tireurs assez piteux, drapeau enroulé ; ils nous disent : « Ah ! vous y allez ! vous allez voir ! » Ça et le temps nous glacent un peu.

Le brave commandant Q..., dans lequel nous avions une confiance fort modérée, place les deux compagnies l'une derrière l'autre. Ma section se déploie dans un fossé ; l'attente n'est pas longue, ni la distance non plus, la même qu'à Vibraye, 100 mètres. Des silhouettes se détachent en sombre sur la neige, l'une d'elles s'avance à grands pas, le fusil ballant dans une main, tandis que l'autre s'étend vers nous protectrice avec ces mots bien distincts en français : « Mobiles, ne tirez pas ! » Un crâne gaillard, et quelles enjambées ! J'ai bien distingué le turban rouge des bérets prussiens, sans visière, analogue au képi des Moblots. Ma parole, après avoir vu des Prussiens partout, on ne voulait plus les reconnaître quand ils nous mangeaient le nez ! Je crie : feu, sans souci des chefs ! Il était temps. Alors du fossé partent des coups bien ajustés. Delaunay aurait, dit-on, renversé deux Allemands d'un coup. G... penche la tête à droite au bruit de mouche d'une balle, pan ! une seconde à gauche lui fait faire le mouvement inverse. Je veux tirer aussi, mon chassepot rate à 60 mètres, impossible de retirer la cartouche. Nous avons quelques morts, entre autres Fonteneau, à dix pas de moi ; je reçois une balle à la poignée de mon fusil au moment où ma main en est déplacée ! Les Prussiens nous canardent à 50 mètres ; un flottement me frappe, les hommes vont-ils partir ? Je saute hors du fossé et comme P..., de ma compagnie, en sort, je lui allonge un coup de crosse qui l'y rejette. Alors P... me dit froidement : « Pardon, sergent, je ne me sauve pas (1). »

---

1 P... m'a toujours affirmé qu'il changeait seulement de place ; je me suis excusé à cause de la gravité du moment ; nous sommes restés bons amis, et plus tard, place Vendôme, je l'ai rencontré, il sortait de Saint-Cyr.

Vrai ou pas vrai, le fait est que cinq minutes après, plus personne ! Les tirailleurs sont volatilisés et je me trouve seul avec un autre près du commandant Q..... criant : à la baïonnette. Je veux la mettre au canon, impossible ; la gelée m'en empêche ! Nous sommes trois. Sauve qui peut ! Et vivement !

Je dis à mon compagnon de faire comme moi, je tombe à terre comme mort, et rampe ; les balles rayaient la terre autour de nous ! Un lièvre file, et j'ai la singulière sensation de l'envier ! Je ne sais pas comment nous avons retrouvé Fatines. J'étais furieux de la disparition des hommes, de ma retraite forcée, mais accentuée ; je rejoins les francs-tireurs du Loir-et-Cher ; nos compagnies ralliées se retrouvent dans Fatines.

Un bruit court parmi nous : « Où est Cathelineau ? » Toujours furieux de cette affaire, je m'offre, et me dirige le soir, à 6 heures, dans une direction quelconque. A moins de 200 mètres : « Wer da ? » — Je comprends leur jargon et garde l'incognito ; me voilà de nouveau dans la neige encore à plat ventre, non loin d'un pantin noir : « Eilen sie ». Attends ! — Je rampe en arrière, mon couteau corse en main. — « Halten ». Halte ! Ce troisième commandement me trouve plus loin que le premier, pas arrêté du tout. Je ne sais si j'ai couru un danger, mais j'affirme qu'à ce moment-là mon bonhomme aurait eu du mal : je ne sentais ni froid, ni rien, que la rage. Je reviens dans une brume glacée.

La nuit m'a calmé et bien abattu ; je partage avec deux autres, dos à dos, une table ronde sous laquelle gisent des êtres affalés ! Mais quelle chance que les Prussiens, si près, ne foncent pas sur nous ! Nous y passerions tous !

12 Janvier. Guerche. — Je quitte ma table, et de grand matin, en marche ! La neige nous brûlait les pieds ; toujours sans chaussettes depuis trois mois, je suivais les transitions du chaud ou du froid, mais étais encore mieux, ou moins mal ainsi... Rien à manger que du biscuit bleui par ma vareuse ! Il paraît que nous sommes à la Guerche, tout près du Mans ! Tout ça se ressemble, même le canon qui n'arrête pas ! Les Mobiles bretons rencontrés quittent leur position en disant : « C'est parce qu'il tombe des obus ». Ceci, je l'ai entendu ; j'ai su plus tard que cet abandon avait hâté la retraite du Mans.

La nuit se passe le long des murs, sans feu, pour la compagnie et moi. Ici se place un épisode sur lequel je ne veux pas faire le silence, bien que pénible à raconter.

13 Janvier. — Le matin, avant le jour, nous trouve dans la neige, glacés, les ressorts cassés par la tension de la veille et les fatigues accumulées ; on échangeait de rares paroles, et quelqu'un de ma compagnie vint à dire que nous restions là pour servir d'arrière-garde au général Rousseau. Alors indignation générale. — C'est toujours aux mêmes à marcher, les Haute-Garonne n'ont presque rien fait, c'est leur tour ! Nous sommes francs-tireurs, etc., etc. Un *officier* entend cela, cause avec moi, me prend à part et m'invite à disparaître... Du coup, j'accepte ; sans plus réfléchir, nous voici à travers champs. Nous entrons dans un bourg, il y a des gendarmes, ils nous cueillent.

Ainsi moi, qui à Vibraye, à Fatines, n'avais pas voulu céder, me voici presque traité en déserteur, confondu dans un ramassis quelconque.

L'officier et moi, tout honteux, prenons un rapide parti : il y a une porte de derrière, nous voilà sortis. Le jour était gris et paru depuis peu. Nous convenons de rejoindre le Corps au plus vite, non pas où nous l'avions laissé et où il ne serait peut-être plus, mais en avant du Mans, où il doit suivre la retraite des troupes.

Je portais plusieurs cartes, entre autres celle de la Sarthe ; à vue de nez, nous tirons une ligne droite de la Guerche à la route d'Alençon, et nous cheminons le plus vite possible à travers champs ; bientôt je suis seul.

Mon compagnon, par suite d'une autre option de route, me laisse. Je l'ai rencontré plus tard, avant ou après Fougères, je ne me rappelle plus.

Me voici lancé fort au hasard, coupant à travers tout, champs, haies, avec une seule idée, retrouver l'armée, retrouver mon Corps, ma compagnie, me battre et réparer cette minute de défaillance, complétée par la perte de mon fusil.

Enfin, une route, des soldats, bien peu, la fusillade en arrière ; ils me disent qu'on se bat au Mans ; c'est bien la route d'Alençon. Je cours, une seule idée en tête : rejoindre à tout prix. Le long de la route, un malheureux blessé me crie : « à boire! » et je passe ! Tout pour rejoindre ! Voilà des canons, j'en saisis un des deux mains, par la gueule, au galop ! je ne lâche pas ; de ce train, j'avance, mais enfin je suis épuisé et tombe à mon tour le long de la route : mes pieds sont gonflés. Les Prussiens me prendront-ils ? Où est mon Corps ? Ma tête bourdonne. Voici une voiture, un cabriolet. — « Hé bien ! ça ne va pas ? » me crie une voix. — « Non, je ne peux plus ! » — Un major, je crois, en tout cas un homme plus charitable que moi, descend de voiture, m'aide à y monter, retire mes bottes, constate un commencement de congélation d'un orteil, me frotte les pieds, les enveloppe avec la paille de la voiture.

Ah ! le charitable homme ! Il m'a sauvé de l'ennemi et de moi ! Je lui confesse ma triste odyssée ; il me dit où est le Corps et me dépose dans le village où il se trouve ; je l'aurais embrassé, je me serais fait hacher à n'importe quel poste, j'étais trop heureux. Le tout avait duré sept ou huit heures seulement, mais quelle honte en paraissant devant mon chef ! Il me semblait que le martyre durait depuis des jours — et je le sens encore après 30 ans. — J'ai été reçu avec la plus extrême délicatesse, à peine interrogé, et j'ai obtenu le plus vite possible un chassepot que je sollicitais avec passion pour remplacer le mien.

Ma sensation, mes souvenirs sont restés intacts. Quant au lieu de cette bienheureuse réunion je l'ignore ; j'étais parti le 13 au matin, et j'avais rejoint le 13 au soir. D'après mes notes et le livre de Cathelineau nous devions être à Beaumont.

13 Janvier. Beaumont, Fresnay. — De Beaumont, nous sommes dirigés sur Fresnay ; le pays n'était pas écrasé de troupes, la réception était bonne. Je me reprenais, non pas à espérer, mais à vouloir un nouveau Vibraye pour me montrer à moi-même que je pouvais ce que je voulais. L'occasion était passée. J'ai prolongé le plus possible mon temps d'officier territorial. Elle ne s'est plus présentée et je mourrai sans avoir repris le fusil tombé une fois de mes mains.

Le bruit courait parmi nous que Chanzy formait une armée de Bretagne. En effet, je me souviens d'être entré à Fougères, où une pauvre femme nous reçut avec une attendrissante hospitalité : elle avait perdu son fils au Mans. Mon ami R... était de Fougères ; j'en demandai des nouvelles, on me dit qu'il était fou ! Nous avions aussi des nouvelles de Paris : il était bombardé !

J'ai eu une crise de larmes, la seule de cette guerre. J'ajoute que depuis le milieu de janvier ma santé était perturbée ; les salaisons de distribution, le pain gelé, l'insomnie, la douleur de la défaite m'avaient ramené les troubles intestinaux du début.

Un vétérinaire auquel je m'en plaignais m'offrit des pilules pour en faire disparaître les effets, en me prévenant toutefois de leur énergie. Tout plutôt que l'hôpital ! L'effet fut rapide, mais durant sept ans (non compris mon choléra à Marseille en 71), le mal reparut violemment à certains intervalles.

Ma nervosité était donc un peu compréhensible ; elle devait encore être mise à l'épreuve.

Nous avions encore des étapes à fournir ; dans une de ces étapes nous rencontrons à terre de superbes sacs, des peaux de mouton, des fusils ; les hommes s'équipent avec ce « fourbi ». Finalement, nous rencontrons les propriétaires, des Mobilisés, des « Vieux-Gas » de la Mayenne ; ces hommes superbes, de 30 à 35 ans, pas fatigués, nous disent eux-mêmes qu'une demi-douzaine de uhlans a rencontré leur compagnie, les a désarmés, fait mettre sur deux rangs près d'une épicerie ; ils y ont pris, puis distribué aux gas des bonbons et avec un coup de pied au derrière, ils les ont renvoyés !... Je raconte ce que j'ai entendu dire à ces hommes. Le fait dut se passer vers le 23 janvier ; il ne faut pas confondre cette levée avec celle des Mobiles. — Nos marches étaient bien moins longues, le temps plus clément ; je commençais à maudire cette bienheureuse peau de bique peu réglementaire qui m'avait si bien protégé ! Nous mangions ; les cantonnements étaient possibles, celui de Château-Gontier est le seul à noter.

25 Janvier. Château-Gontier. — Notre entrée fut celle d'une vraie troupe ; nous finissions par former vraiment un Corps ; notre légion de 600 hommes occupait le haut de la ville ; les autres parties et les environs étaient tenus par les Dordogne et les troupes dont Cathelineau avait le commandement.

Le général tenait à la messe par conviction, et parfois avec un peu d'ostentation ; je l'en blâmais bien un peu à cette époque ; j'en suis revenu ! La formule à forte dose, ni Dieu, ni Maître — ajoutons ni Patrie — jettera de l'autre côté beaucoup d'autres gens, républicains ou non ; à cette époque je l'étais déjà, mais avant le joli programme négatif ci-contre !

Il me faut, sans être un candidat, énoncer les idées d'un combattant de cette époque, étant donnés les incidents qui suivent. S'ils n'ont pas servi à enlever mon opinion, ils l'ont singulièrement atténuée, et contribué à me rendre fanatique de liberté pour tous, patriote quand même, et hostile aux grandes professions de foi, qui sont de pures blagues — ceci dit à la Parisienne. — Assez sur cet odieux sujet que je n'aurais jamais voulu aborder !

Le 26, grand'messe en armes et petite revue, la première, je crois, depuis Orléans : nous n'avions jamais vu réuni notre Corps de Vendéens ; nos compagnies en marche, en cantonnement, étaient le plus souvent séparées, d'où la conséquence que certains ont vu, fait ou supporté ce qu'ignoraient les autres

Nous cherchons à faire de notre mieux malgré nos effets en déconfiture. Cathelineau nous adresse de généreuses paroles : c'était un bon et brave Français et nous avions pleine confiance en lui, mais pas tous les habitants à cause de leur politique.

Je logeais rue René-d'Anjou, chez M. L..., marchand de vins en gros ; ce malheureux, je ne puis parler autrement, osait me dire à moi, un soldat, que Cathelineau était indigne de commander, qu'il était un cagot, un royaliste, enfin toute la lyre ! Nous n'avions rien fait ! J'eus là mes premiers engagements pour défendre la liberté de conscience et la discipline, au nom de la liberté et de la patrie. Cela m'aigrissait d'être attaqué par un volontaire du coin du feu ! J'en devais entendre bien d'autres, et aujourd'hui donc !

Nos cavaliers reprirent de suite le service de reconnaissances, et nous trottions de nouveau, en rayonnant partout ; c'étaient les bonnes étapes normales que j'aimais tant, ne dépassant guère les 7 à 8 lieues ; la température était plus douce, il y avait juste assez de Prussiens, sans surcharge, pour nous occuper. Le 27, il y eut poursuite inutile de cinq cavaliers prussiens, vers Saint-Loup, comme aux bons jours du camp de Vesaines. N'était mon insipide logeur, c'eût été parfait. Je commençais même à faire convenablement la cuisine, grâce aux indications de notre fourrier !

CHAPITRE VI

Armistice — Licenciement

29 Janvier 1871. Armistice. — Coup de tonnerre. Armistice ! Hé bien, vraiment, nous en sommes heureux, pour nous refaire et recommencer. C'est mon opinion du moment, beaucoup la partageaient ; nous sommes entraînés, le repos nous fera du bien, et puis ensuite, à la grâce de Dieu !

Ces dispositions se modifièrent : la paix armée apportait la discorde. Paris était pris. On pouvait bien former tout de même une autre armée, se défendre en Bretagne, mais la politique sortait de terre comme un champignon vénéneux.

Mes idées changeaient : j'avais d'autant plus envie de partir que je recevais une lettre de Marchand, m'annonçant l'incendie du Logis, le 3 février ; elle m'était adressée comme sergent et non plus comme courtier en vins, ainsi que je l'avais fait libeller par crainte d'interception. Je résume la lettre que j'ai devant les yeux.

Les femmes du bourg de Saint-Bohaire s'étaient révoltées contre des réquisitions, les hommes s'y étaient joints ; il y avait eu tiraillerie sans pertes d'aucun côté. Pour éviter des représailles, Marchand, comme maire, se rendit à la Commandature de Blois où il fut retenu la nuit. Il apprit là que, pendant cette nuit, les gens du village avaient tiré sur la correspondance de Blois-Vendôme, et blessé un cavalier. Le commandant condamna le pays à 1,000 fr. et confiscation des armes, moyennant quoi le village ne serait pas brûlé. Deux cents Prussiens marchèrent néanmoins sur Saint-Bohaire et reçurent des coups de feu, tirés du parc, paraît-il ; c'est ce qui entraîna l'incendie méthodique de notre maison.

Mon voisin de Fossé m'a dit, sept ou huit ans plus tard, que les Allemands se plaignaient d'avoir été insultés par le jeune homme parti comme franc-tireur. J'ai compris, en me rappelant le mot laissé à la glace de ma chambre.

Marchand faillit être fait prisonnier et envoyé à Orléans ; les Prussiens l'arrêtèrent sur la route, à son retour de Blois, mais il produisit heureusement le sauf-conduit de la Commandature et fut de suite respecté. En revanche, dix-sept habitants furent arrêtés : on les devait fusiller. Sur les prières de M. de Salaberry, de Marchand, on les relâcha, excepté Braquet Théodore, Colas et Picardeau (1).

Un homme, le cantonnier Machefer, fut poursuivi à travers le parc ; il passa sous le mur par une ouverture bien petite et s'enfuit dans le pré voisin ; les Prussiens, arrêtés par une porte, en firent sauter la serrure à coups de pistolet et rejoignirent ce malheureux. Au lieu de faire tête, il tournait autour d'un saule en criant ; poursuivi par deux hommes le sabre en main, il fut tué.

Un autre paysan s'était caché sous la bonde de l'Etang ; les Prussiens y lâchèrent quelques coups de feu au hasard, mais sans l'atteindre ni vérifier si quelqu'un s'y cachait.

Des lettres maternelles me montrent encore aujourd'hui combien ce rude choc fut bien supporté ! Ma grand'mère termine une lettre du 20 février en disant : « Quelle pitié d'en aboutir à l'avènement de Monsieur Thiers ! »

De plus en plus je pense à partir, mais régulièrement bien entendu ; je songe à « ce chien que je dois rapporter », termes signifiant les valeurs que nous avions enterrées.

Il me faut encore un peu de calvaire avant de quitter l'armée. Le 26 février nous avons cru à

---

1. Emmenés en Allemagne, les malheureux, traités en prisonniers de droit commun, restèrent plus de deux ans en captivité.

la reprise des hostilités ; bien au contraire, l'armistice était prolongé. J'apprends que l'ami R. H. . est à Angers, au 14ᵉ de ligne, caserne de la Visitation ; je lui écris, j'obtiens une permission de vingt-quatre heures et nous nous contons nos misères ; il me montre ses pauvres pieds enflés (1) et nous nous quittons après une journée passée ensemble, avec le désir de nous revoir en civils.

24 Février. Angers. — Nous étions envoyés à Angers, le 24 février. Notre entrée fut très officielle et la prière faite sur la place publique. Nos tribulations recommencent : les francs-tireurs de la Sarthe avaient été licenciés alors que nous restions encore constitués et ils excitaient contre nous la populace.

---

(1) Il me raconte son engagement à Monnaie. Il était de garde à l'artillerie, derrière un petit bois où les obus brisaient tout ; le commandant de la batterie, dans l'ignorance des ordres, demande un homme de bonne volonté pour traverser la plaine qui sépare ce petit bois de la route où se trouve de l'infanterie. Ce champ était boueux, les balles y sifflaient fort. R. H. avec ses pieds abimés s'appuya sur le chassepot ; enfin il aperçoit un capitaine battant en retraite, il le hèle de loin familièrement : « Hé ! capitaine !... » et fait signe de la main. — Il le joint enfin avec mille peines et indemne. — « Parbleu ! lui crie celui-ci : on part. » Alors R. H. retourne et est de nouveau non moins bien reçu par le commandant d'artillerie ; lui aussi fut heureux de partir avec ces faibles encouragements.

Les bons journalistes, fatigués sans doute de leur repos contre l'ennemi, prenaient leur revanche contre ceux qui l'avaient combattu. Nous étions peu de Vendéens dans notre Corps dont c'était le titre ; on nous qualifiait cependant à Angers de « Chevaliers du Cœur sanglant » et de « Chouans ». Nous étions en tout cas beaucoup de Chouans républicains de Paris, Poitiers, Tours, du Midi et autres lieux. Nous étions, encore une fois, à cent lieues de politiquaille, ayant bien assez d'occupation avec notre devoir à improviser et remplir. Mais à quoi bon discuter ? C'est l'affaire des rhéteurs politiques et autres fruits secs, mécontents d'eux-mêmes et de tous.

Le premier jour j'étais logé chez un magistrat et mangeais à la cuisine dont le type devait m'aider à organiser la nôtre lors de la reconstruction de la maison. J'étais de garde en ville le lendemain, fort ennuyé, car je savais les nôtres menacés ; et en cas de hourvari, comment faire ? la planche du corps de garde ne m'apprenant ni la théorie du service des places, ni la patience contre les injures ! La caserne de la Trinité fort heureusement nous réunit tous ! Nous étions occupés à déjeuner tout en discutant politique, — la gangrène nous prenait aussi ! — quand nous entendons de grands cris, un bruit de foule, et des pierres entrent par les fenêtres. « Tenez, les voilà, vos républicains », me dit un camarade.

Ma foi, la colère me prend, j'attrape un Cœur de Jésus porté par la moitié des compagnies, et le couds séance tenante, pour la première fois depuis ma présence au Corps !

C'était trop fort d'avoir fait son devoir, d'avoir été incendié, d'être républicain avec beaucoup d'autres et d'être em...... par des voyous ! Les portes de la caserne s'ouvrent, nous partons baïonnette... on. Mâtin, j'y allais de bon cœur sur les frères et amis ! Ils ne nous ont pas attendus, ils ont bien fait ! Ramenés à grand'peine, nous évacuons Angers et revenons à Château-Gontier, puis à Montreuil.

La dégringolade commençait ! La vraie Patrie en fuite devant l'anarchie.

Vers le 2 mars, je n'y tenais plus, je voulais partir ; on parlait de révolution à Paris, de volontaires pour la combattre, je ne voulais plus rien entendre, surtout de la guerre civile ; mon petit spécimen d'Angers suffisait ! Les ragots qui grossissent des niaiseries, la mauvaise foi, l'absence de tout sentiment élevé, me montraient les beautés de cette plaie nommée politique. Quelle puanteur !

11 Mars. — Licenciement. — Le 11 mars nous étions licenciés. Cathelineau nous faisait ses adieux et je voyais, pour la dernière fois, ou mieux pour la première depuis Amboise, mon charmant capitaine..... Sa vue souleva quelques murmures d'étonnement, nous ne le trouvions pas présenté, mais, licencié depuis longtemps. Nous échangeons des poignées de mains, des adresses, et chacun retourne dans ses foyers. Cette réunion d'hommes devient un souvenir brumeux.

Je gagne Blois par chemin de fer, et, comme il faut faire pédestrement la route, je vois dans les faubourgs les traces de l'occupation sous forme d'avis allemands sur les portes.—Quelques-uns passent dans mes poches — triste collection ! Que de platitudes supposaient ces dispenses de logement !

Voici la maison, quatre murs noircis, sauf la cuisine ; des mains obligeantes et locales l'ont déménagée. Devant la fenêtre de ma feue chambre, un de mes chapeaux coupé en petits morceaux, symbolique action ! Je trouve une plaque de pickel haube (1) oubliée. Ça ne remplace pas une belle bague mérovingienne reproduite dans un numéro des premières années de la *Gazette des Beaux-Arts*. Cette bague avait été trouvée avec une épée aux côtés d'un guerrier couché dans un cercueil de pierre, derrière la maison ; elle était fort belle, d'une conservation

---

(1 *Mit Gott und Vaterland*, c'est plus grand que les devises haineuses, sociales ! — Quelques brouillons de lettres à des Fraulein, un commencement de rapport militaire me sont restés comme souvenirs.

parfaite. M. A. de Montaiglon me voulait la faire donner à la Bibliothèque, c'était mon intention. La deustche Kultur en a décidé autrement !

La basse-cour n'a qu'un bâtiment brûlé, les femmes du bourg ont empêché la propagation du fléau. Les pertes d'occupation et d'incendie s'élèvent à 214.630 francs.

Je déterre le « chien » et pars pour Paris nonobstant la crainte de l'épidémie annoncée par ma grand'mère. Je suis tout étonné d'être en chemin de fer !

A Beaugency, des Prussiens appuyés sur une balustrade regardent le train avec de gros yeux ronds ; je remets mon chapeau à plume et les fixe tant que le train reste là. — Les gens du wagon me tiraient par derrière, mais j'étais jeune !

Le port de mes valeurs m'inquiétait fort, vu l'agitation générale ; je les avais placées au lieu et place de mes biscuits de route, entre cuir et chair.

Coups de clairon à tous les coins de rue, gardes nationaux en marche. — Et dire qu'un moment l'idée folle de rester et de me battre m'est venue, je croyais ce mouvement antiprussien ! Naïf jeune homme ! Il était communard, contre la France et la liberté ; intellectuel peut-être, comme disent aujourd'hui les candidats bons à tout, sauf à l'effort personnel et surtout au sacrifice sans revenant-bon ! Du diable si ces gens prisent la liberté d'autrui !

Mon ami de R.... m'a raconté son trac à la manifestation de la place Vendôme ; ces bons communards ont tapé dans le tas comme de simples sergents de ville.

Je vais à la gare de Lyon pour prendre le train de Nice ; une sentinelle de la Garde nationale me demande où je vais ! J'avais ma tenue, mais un melon sur la tête ; je prends l'accent natal et grasseyant, je lui réponds une baliverne qui suffit à ce brave un peu gai. C'eût été plaisant de passer communard !

A force de rouler, j'arrive à Marseille ; la gare est pleine de militaires avec de belles ceintures rouges, des bottes jaunes superbes ! Que d'hommes en France ! On ne s'est pas engagé depuis mon passage en octobre !! Hélas, ce ne sont pas des hommes pour la Patrie, ce sont des gens travestis en gardes quelconques, payés ou convaincus révolutionnaires. L'ennemi est chez nous, ça leur est bien égal ! Et je songe au plaisir de ne pas revenir estropié. J'y songe encore aujourd'hui bien davantage !

Je m'arrache sans douleur à la contemplation de ces internationaux et arrive à Nice. Un gendarme me demande je ne sais quoi, ma feuille de route. — Ah ! bien oui. — J'en ai assez, il ferait mieux de coffrer les bottés de Marseille et ailleurs ! Je lui file entre les mains et cours embrasser mes parents. Le cercle est clos, je suis revenu au lancer !

Plus rien à noter, je n'écris pas l'histoire d'une vie, les déceptions de mes cinq mois militaires suffisent à l'orner. — Si j'avais transcrit ces notes il y a 20 ans, j'aurais terminé par un bel espoir de revanche, mais j'avoue qu'aujourd'hui, en 1901, je doute que les dispositions de ma belle Patrie y soient fort tournées. Plaise à Dieu que la France se ressaisisse.

Le Logis-Saint-Hilaire, Juin 1901.

BLOIS, IMPRIMERIE C. MIGAULT ET C°

www.ingramcontent.com/pod-product-compliance
Lightning Source LLC
Chambersburg PA
CBHW070309100426
42743CB00011B/2418